La serie:

Llaves maestras

**Claves espirituales
del reino**

Quiénes somos en Cristo

Experimentando nuestro verdadero potencial a través de la comprensión de Jesucristo y su labor en nosotros

Por

Harold McDougal

Quiénes somos en Cristo
Copyright © 2010—Harold McDougal
TODOS LOS DERECHOS RESERVADOS

Este libro fue publicado originalmente en inglés bajo el título, *"Who We Are in Christ"*, © 1989, 1998.

Si no hay notación a lo contrario, todas las citas textuales de las escrituras provienen de la Versión Reina-Valera, Revisión 1960, © Sociedad Bíblica en América Latina. Las citas notadas con "NVI" son de La Santa Biblia, Nueva Versión Internacional, © 1999 por Biblica.

McDougal Publishing es una división de The McDougal Foundation, Inc., una corporación sin fines de lucro de Maryland, entregada a la divulgación del Evangelio del Señor Jesucristo a la mayor cantidad de gente y en el menor tiempo como fuese posible.

Traducido al español por Jorge Ramiro Cabrera Villalón

Publicado por:

McDougal Publishing
P.O. Box 3595
Hagerstown, MD 21742-3595
www.mcdougalpublishing.com

ISBN 13: 978-1-58158-153-9

Impreso en los Estados Unidos de América
Para la Distribución Mundial

Dedicatoria

A Él, quien sin su presencia no soy nada.

Contenido

Una anotación a los amantes de la Biblia.......... 9

Introducción 11

Primera parte: La necesidad de una señal 15
1. Las Demandas de los fariseos 17

Segunda parte: Una multitud de señales .. 29
2. La consumación de la sagrada escritura 31
3. El nacimiento virginal 34
4. Una visitación celestial 38
5. Señales en el cielo 45
6. Confirmación en el templo 53
7. Una niñez milagrosa 59
8. La declaración del nacimiento de Juan 64
9. La confirmación de María 67
10. El nacimiento de Juan el Bautista 71
11. Señales en el ministerio de Juan 77
12. El bautizo de Jesús 81
13. Señales en el propio ministerio de Jesús ... 84

Tercera parte: La prevaleciente misericordia de Dios **89**

14. La justicia tardía 91
15. El desgarro de las vestiduras de los sumosacerdotes 96
16. El dilema de Pilato 101
17. Oscuridad a mediodía 107
18. La rasgadura del velo del templo 112
19. Un terremoto 120
20. El clamor de victoria 125
21. La señal del profeta Jonás 128
22. La vestidura mortuoria 133
23. Santos resucitados 136
24. La señal de Pentecostés 139

Cuarta parte: Unificándolo todo 145
25. Entonces, ¿Quiénes somos? 147

Referencias 159

Una anotación a los amantes de la Biblia

El pueblo de Dios estudia su Palabra de varios modos. A través de los años, bajo el principio de que necesitábamos buscar cada versículo y leerlo en contexto para quedar conformes con haber comprendido las verdades expresadas, yo solía colocar todas las referencias bíblicas dentro del contexto existente o como notas al pie, o al menos, dentro de la misma página. Sin embargo, no todos disfrutan leyendo el material disgregado con referencias bíblicas. Confío en que ambos grupos observarán la utilidad de esta presentación. He usado extensivamente las Escrituras, excepto que he separado las referencias existentes en una sección propia para aquellos que desean realizar un estudio más profundo. Las hallarán al final del libro.

Aunque se hace referencia a muchas historias seculares sobre los eventos que mencionamos aquí, nuestra fuente principal, como creyentes, siempre es la Palabra de Dios. De paso, hago mención de varias otras fuentes, excepto que uso extensivamente la Biblia. No hago apología por ello.

Introducción

He estado oyendo cuidadosamente lo que el Espíritu de Dios le está diciendo a la Iglesia hoy día. En cada nación, la Iglesia está saliendo de la complacencia para entender de pronto quiénes somos como creyentes. Por medio de la profecía, lenguajes, interpretación y otras manifestaciones del Espíritu, nos vemos forzados a suspender el andar de un lado a otro y ubicarnos debidamente. Se están escribiendo muchas canciones y predicando muchos sermones, están circulando muchas declaraciones de fe, todo en un esfuerzo para conducirnos a descubrir el tesoro escondido que motivó a Cristo para realizar el sacrificio supremo. ¿Qué vio Él en nosotros? ¿Quiénes somos?

Quiénes somos está directamente relacionado a quién es Él, porque estamos identificados con Cristo. Somos lo que Él es. Con Él, somos todo; sin Él, no somos nada. A través de Él, podemos hacer todo; sin Él, no podemos hacer nada. Tenemos un futuro significativo solamente en Cristo. Por consiguiente, para descubrir quiénes somos debemos descubrir quién es Él.

Isaías fue un gran profeta porque *"vi yo al Señor sentado sobre un trono alto y sublime."* [1]

Moisés pudo sacar a una nación de Egipto. Dijo: *"Jehová, el Dios de vuestros padres, el Dios de Abraham, de Isaac y de Jacob, me apareció."* [2]

Pablo fue el más grande de los apóstoles porque aseveró: *"Me apareció a mí."* [3]

La revelación más grandiosa a la humanidad llegó a través de un ciego en la Isla de Patmos. Manifestó: *"Cuando le vi."* [4]

Cada uno de estos hombres se sobrepuso a circunstancias difíciles para lograr grandes cosas, dadas su clara visión de la grandeza del Señor y quiénes somos en Él.

Mientras más descubro acerca de Cristo, más comprendo mi propio potencial, mi propio futuro y mi propia identidad. Nunca me canso de aprender. Hallémoslo juntos, y en el proceso, descubramos *Quiénes Somos en Cristo.*

Harold McDougal

El Espíritu mismo da testimonio a nuestro espíritu, de que somos hijos de Dios. Y si hijos, también herederos; herederos de Dios y coherederos con Cristo.
Romanos 8:16-17

Primera parte

La necesidad de una señal

Capítulo 1

Las demandas de los Fariseos

Entonces respondieron algunos de los escribas y de los fariseos, diciendo: Maestro, deseamos ver de ti señal. Mateo 12:38

Por lo menos cuatro veces en las escrituras del Nuevo Testamento llamados "los Evangelios" hallamos a los escribas y Fariseos, importantes líderes religiosos de ese tiempo, abordar a Jesús con este mismo desafío: *"¿Qué señal nos muestras?"* [1] Cada uno de los cuatro escritores de los evangelios mencionaron este desafío por lo menos una vez en su relato en particular.[2] Las preguntas de los Fariseos parecen justificarse por varios motivos:

Los judíos letrados habían estado esperando casi a diario la llegada de un Mesías prometido (Salvador o Libertador), desde los tiempos de su bien amado profeta, Moisés.[3] Sus vidas giraban alrededor del hecho que Dios un día les traería un Libertador para salvar a su pueblo de sus enemigos. El titulo *Mesías* significa "el ungido," y *ungir* significa "santificar o apartar para Dios, hacer divino o investir con poder divino." El pueblo judío esperaba que su Mesías fuese todo esto y aún más.

Ellos creían que El sería un hombre designado por Dios, escogido para culminar un propósito redentor hacia el pueblo de Dios, decretado para traer enjuiciamiento sobre sus enemigos (quienes, a su vez, serían sus enemigos), en todas sus actividades el agente del mismo Dios, y soberano sobre todas las naciones.

Este concepto no evolucionó de la noche a la mañana. Se cimentó sobre señales y profecías a través de muchas generaciones. Eventualmente se arraigó tanto que nada lo pudo destruir. Había llegado a ser la base del pensamiento y del desarrollo para la nación. Un día vendría el Mesías y redimiría a su pueblo.

LAS DEMANDAS DE LOS FARISEOS

Si Jesús era el Mesías prometido, ¿cómo sabrían ellos? Deberían saber porque no podrían apoyar a un impostor, y tampoco podrían obrar contra el verdadero Salvador.

Surgió un problema en el concilio judío cuando algunos líderes insistieron en que los discípulos de Jesús deberían ser ejecutados como blasfemos y agitadores. Lucas, el escritor de los Hechos de los Apóstoles, registró el siguiente relato:

Entonces levantándose en el concilio un fariseo llamado Gamaliel, doctor de la ley, venerado de todo el pueblo, mandó que sacasen fuera por un momento a los apóstoles, y luego dijo: Varones israelitas, mirad por vosotros lo que vais a hacer respecto a estos hombres. Porque antes de estos días se levantó Teudas, diciendo que era alguien. A éste se unió un número como de cuatrocientos hombres; pero él fue muerto, y todos los que le obedecían fueron dispersados y reducidos a nada.

Después de éste, se levantó Judas el galileo, en los días del censo, y llevó en pos de sí a mucho pueblo. Pereció también él, y todos los que le obedecían fueron dispersados. Y ahora os digo: Apartaos de estos hombres, y

QUIÉNES SOMOS EN CRISTO

dejadlos; porque si este consejo o esta obra es de los hombres, se desvanecerá; mas si es de Dios no la podréis destruir; no seáis tal vez hallados luchando contra Dios. [4]

Gamaliel convenció al concilio de disponer de las vidas de estos discípulos, pero no les impidió de llevar a cabo un compromiso. Azotaron a los discípulos y *"les intimaron que no hablasen en el nombre de Jesús."* Solamente entonces serían puesto en libertad. [5]

Estos miembros del concilio eran celosos. Tenían que trabajar duro por lo que sentían era lo correcto y contra lo que estimaban era lo incorrecto. Teudas era un impostor. Había engañado a cuatrocientos buenos individuos, y no debería suceder nuevamente. Judas el galileo había sido un impostor. Había apartado mucha gente tras él, y no debería suceder de nuevo.

¿Qué deberían hacer con este Jesús de Nazaret? Grandes multitudes de su pueblo lo estaban siguiendo. La gente se sentaba durante horas para escuchar sus extrañas enseñanzas. Se reportó que El había alimentado a cinco mil hombres con sus mujeres y niños en una ocasión, y en otra, a cuatro mil hombres con sus familias por algún milagro. La multitud lo había seguido, corriendo descalza

LAS DEMANDAS DE LOS FARISEOS

hacia el desierto, donde Jesús esperaba hallar un lugar de reposo para El y sus discípulos. La muchedumbre permaneció allí durante todo el día, sin comida, solamente para oír sus enseñanzas.

Parte de este seguimiento se desarrolló debido a que un respetado profeta de ese tiempo, Juan el Bautista, había recomendado a Jesús al pueblo como *"el Cordero de Dios, que quita el pecado del mundo."* [6]

Jesús, sin embargo, estaba haciendo grandes exigencias para sí mismo: Aducía que El era el cumplimiento de la profecía del Antiguo Testamento, [7] que El era el Mesías, [8] el Cristo, [9] el Hijo de Dios, [10] su Maestro, Señor [11] y Rey, [12] pero que su reino no era de este mundo. [13]

Se denominó a sí mismo *"el pan de vida,"* [14] *"la luz del mundo,"* [15] *"la puerta de las ovejas,"* [16] *"el buen pastor,"* [17] *"la resurrección y la vida,"* [18] *"el camino, y la verdad, y la vida,"* [19] *"y la vid verdadera,"* [20] y se auto declaró digno de alabanza. Si la gente no lo alabase, dijo, las piedras lo harían. [21]

Dijo haber existido antes que Abraham, [22] que provenía de Dios, [23] que retornaría a Dios y se sentaría a su diestra, [24] que Dios era su Padre, [25] que El y Dios eran uno, [26] que su doctrina era directamente de Dios, [27] creerlo a El era creer a Dios, [28] verlo a El era ver a Dios, [29] recibirlo a El era recibir a Dios [30] y odiarlo y desecharlo a El era odiar y desechar a Dios. [31]

Aducía que tenía ángeles bajo su comando, a los cuales un día enviaría para destruir toda maldad y pecaminosidad sobre la tierra, [32] y a quienes podía haber convocado para salvarlo de la muerte de la cruz. [33] Aunque se sometió a la muerte, declaró que El tenía poder para dejar su vida o para ocuparla nuevamente, [34] y que se levantaría de entre los muertos. [35]

Declaró que sus palabras nunca morirían, aún cuando muriesen cielo y tierra, [36] y ordenó a sus discípulos enseñar en todas las naciones todas las cosas que El les había enseñado. [37] Sus palabras eran, dijo, *"espíritu"* y *"vida,"* [38] y serían la base del juzgamiento en el día final del ajuste de cuentas de Dios con la humanidad. [39]

Dijo que Dios le había dado todo el poder, tanto en el cielo como en la tierra [40] y que nadie podría conocer a Dios a menos que lo recibiesen a El (Jesús) primero. [41]

El dijo que *"las llaves del reino de los cielos"* estaban a su disposición para dárselas a quienquiera que El desease. [42]

El dijo que vino a la tierra a dar vida [43] y que tenía agua viviente, la cual, si una persona la bebiese, él o ella nunca estaría sedienta nuevamente. [44]

LAS DEMANDAS DE LOS FARISEOS

Aducía que podía dar descanso al fatigado. [45]

Añadía que creer en El era realizar el trabajo de Dios, [46] y comparaba aquellos que obedecían a sus enseñanzas con un sabio que construyó su vivienda sobre una base sólida. [47]

Enseñaba que aquellos que lo amaban y obedecían serían amados y bendecidos por Dios, [48] que consideraría como su hermano, hermana y madre todos aquellos que hiciesen la voluntad de su Padre celestial, [49] y que cualquiera que perdiese la vida en su nombre encontraría vida eterna. [50]

Prometió tronos en el cielo a los doce seguidores [51] y aquí *"cien veces más"* de lo que habían sacrificado para El. [52] Dijo que El sacaría a sus creyentes de entre los muertos *"en el día postrero."* [53] Declaró, misteriosamente, que si una persona mantuviese sus adagios ni siquiera verían la muerte. [54] Manifestó a sus seguidores usar su nombre en la oración y prometió que traería resultados. [55] Incluso les dijo pedir cualquier cosa que necesitasen y que se les otorgaría de parte de Dios. [56]

Advirtió que cualquiera que ofendiese a sus seguidores estaría en peligro de juzgamiento. [57]

Comparó aquellos que rechazaban sus enseñanzas a un demente que construyó su vivienda sobre una base pobre, incapaz de sostener la prueba de las tormentas de la vida. [58]

QUIÉNES SOMOS EN CRISTO

Advirtió que quienquiera que se avergonzase de confesarlo a El abiertamente ante otra gente hallará a Cristo avergonzado de confesar el nombre de esa persona ante su Padre y los ángeles del cielo.[59] Declaró que cualquiera que no creyese en El moriría en sus pecados.[60] Separado de El, aseveraba, nadie podría vivir una vida fructífera.[61] Incluso fue más lejos, declarando, *"Separados de mí nada podéis hacer."*[62]

Manifestó, en varias ocasiones, que el fuego ardiente les aguarda a aquellos que no permanecen en El.[63]

¿Era todo esto verdad? ¿O fue Jesús el embustero más grande sobre la tierra? ¿Era El, el Mesías prometido? ¿O fue El un blasfemo? Una señal respondería de una u otra forma, una señal del cielo. Por consiguiente, ellos insistieron, *"Maestro, deseamos ver de ti señal."*

Otra razón por la cual los líderes religiosos se sintieron justificados al cuestionar a Jesús se puede hallar en las palabras del profeta Isaías, dirigidas a Acaz, Rey de Judá, setecientos años antes. Aseveró: *"Pide para ti señal de Jehová tu Dios, demandándola en lo profundo, o arriba en lo alto."*[64] Las palabras consagradas de Isaías[65] eran reconocidas como parte de las Sagradas Escrituras, no solamente para el pueblo de esos

LAS DEMANDAS DE LOS FARISEOS

días, sino para todos los pueblos de todos los tiempos.

Una tercera razón que justificaba a los Fariseos en su desafío fue que era costumbre, en el trato de Dios con su pueblo, hablarles por medio de señales misteriosas.

En el Génesis, leemos sobre una señal milagrosa que Dios le dio al profeta Noé. [66]

En Éxodo se informa sobre dos señales milagrosas que Dios le dio a Moisés, [67] y diez magnas señales que El otorgó al faraón, Rey de Egipto, por la mano de Moisés. [68]

Jueces narra sobre tres extensas señales al guerrero Gedeón. [69]

El libro Primero de Samuel registra señales milagrosas a Eli, el juez, [70] Saúl, el primer rey de Israel, [71] y Jonatán, [72] su hijo.

Primera de Reyes evidencia una señal al Rey Jeroboam. [73]

Los libros Primero de Reyes, Segundo de Crónicas e Isaías, narran dos señales dadas al Rey Ezequías. [74]

En una ocasión, Isaías se convirtió en una señal en sí mismo para el pueblo de Israel y para Egipto y Etiopía en otra. [75]

También Ezequiel solía aportar señales a la nación. [76]

QUIÉNES SOMOS EN CRISTO

El Rey Nabucodonosor del Imperio Babilonio habló de señales que Dios le había señalado. [77]

El profeta Daniel recibió señales. [78]

La Biblia también registra la señal de la Pascua, [79] la señal del día del Señor, [80] señales en el desierto, [81] la señal del incensario, [82] la señal del enjuiciamiento, [83] señales falsas, [84] una señal de maldiciones, [85] una señal de fuego, [86] y una señal de cautiverio. [87]

Uno de los propósitos del sol, la luna y las estrellas era para mostrar señales al pueblo de Dios. [88] Cuando Dios cesaba de indicar señales, aquellos que sabían comenzaban a preocuparse. [89]

¿No era natural que los líderes religiosos de los días de Jesús esperasen que Dios les dispensara alguna señal milagrosa relacionada al evento más importante en su historia, la venida del Mesías? Ellos debían tener algún medio para conocer al verdadero Salvador de entre aquellos impostores. El profeta Isaías desafió al pueblo de Dios a buscar señales, y frecuentemente Dios les hablaba a través de señales. Por consiguiente, lógicamente estaban justificados en abordar a Jesús con sus desafíos: *"deseamos ver de ti señal."*

Sin embargo, si los líderes del primer siglo fueron justificados en desafiar las afirmaciones de Jesús, ¿por qué El estaba enfadado con ellos? ¿Por

LAS DEMANDAS DE LOS FARISEOS

qué los llamó *"generación mala y adúltera?"* Y ¿por qué rehusó El en mostrarles alguna señal, excepto una vaga promesa de alguna señal futura la cual El denominó *"la señal del profeta Jonás"*?[90] ¿Estaba Jesús temeroso? ¿Era incapaz de asumir su desafío? ¿Era solamente un hombre corriente, un impostor, un farsante?

Si los escribas y Fariseos estaban justificados, ¿por qué los escritores del evangelio, Marcos y Lucas, ambos los retratan como insinceros y solamente deseando *"tentar"* a Jesús?[91] ¿Es también la Biblia ficticia? ¿Es solamente el resultado de la imaginación en las mentes presuntuosas de la gente? ¿Fueron sus escritores solamente conspiradores en un complot tramado por Jesús?

Las respuestas a estas interrogantes son de una importancia "de vida o muerte", porque Jesús enseñó que si la gente lo rechazaba estarían perdidas eternamente. Si El tenía razón, gran parte de los poblados del mundo perecerá. El enseñó que cada uno deberá algún día plantarse frente a Dios y dar cuenta de sus actos. Solamente quienes lo han aceptado como Salvador, El aducía, escaparían de la ira de Dios. Como hemos visto, El fue aún más lejos, declarando que su palabra sería la única base para todo juicio en el día de la cuenta final.

La historia, la ciencia y la experiencia secundan

tanto a Jesús como a su Palabra, la Biblia. El no temía los desafíos de los líderes religiosos. El era capaz de afrontar sus desafíos porque El era el Hijo de Dios, el Salvador del mundo. El no era solamente otro buen hombre, otro profeta de Dios o maestro de la probidad. El era el mismo Dios, velado en carne humana, descendiendo a la morada de los pecadores para que El podría salvar a aquellos que estaban deseando recibirlo.

¿Por qué Jesús estaba enfadado con aquellos que desafiaban su poder? No estaba disgustado porque desafiaban su poder. El estaba siempre listo en indicarlo abiertamente para que la gente pudiese creer en El y salvarse. No estaba enfadado con ellos por seguir la admonición de Isaías. Secundaba las Escrituras igual que lo secundaban a El.

Jesús estaba contrariado con los líderes religiosos del primer siglo, no porque buscaban una señal, sino porque El ya les había dado un sinfín de señales, las cuales ellos habían rechazado.

Segunda parte

Una cantidad de señales

Capítulo 2

La consumación de la sagrada escritura

Porque nunca la profecía fue traída por voluntad humana, sino que los santos hombres de Dios hablaron siendo inspirados por el Espíritu Santo.   2 de Pedro 1:21

Una de las mayores señales dadas por Dios a su pueblo fueron las mismas Escrituras. Existen treinta y nueve libros que conforman lo que ahora llamamos "el Antiguo Testamento." Los libros son de diversos tipos. Hay cinco libros de leyes, doce libros de historia, cinco de poesía y diecisiete libros de profecías (cinco profetas importantes y doce profetas menores). Aproximadamente treinta escritores formaron parte en la escritura de los treinta y nueve libros.

En estos treinta y nueve libros, hay más de trescientas profecías que fueron consumadas directamente durante los treinta y tres años del lapso de vida de Jesús de Nazaret. Y a través de todo el Antiguo Testamento existe una representación entretejida elaboradamente que no puede confundirse con ninguna otra figura en la historia sino El. La prueba es que aquellos que rechazan a Jesús aún están buscando a alguien que venga a cumplir las muchas profecías de sus sagradas Escrituras. Nadie más ha podido ajustarse a esta representación.

La posibilidad de que treinta hombres, viviendo en diferentes ciudades, en diferentes generaciones, con diferentes maestros y de diferentes entornos y aún en común acuerdo sobre el tema general de sus libros y en trescientas declaraciones proféticas dispares que se centraron en un solo hombre es matemáticamente infundado. Esta fue una señal milagrosa de Dios de que Jesús era el largamente esperado Mesías.

Cada una de las trescientas profecías estaba tan llena de detalles que la posibilidad matemática de

LA CONSUMACIÓN DE LA SAGRADA ESCRITURA

casualidad en su inspiración humana queda fuera de discusión. Debemos creer lo que las Escrituras aducen a sí mismas: *"los santos hombres de Dios hablaron siendo inspirados por el Espíritu Santo."*[1]

Aquí es importante notar que las Escrituras no eran solamente algo que uno podía tomar o dejar según el propio antojo. Tampoco era en este caso, como en la mayoría de las religiones, en que unos pocos estaban familiarizados con los textos sagrados y la masa de gente era casi o completamente ignorante acerca de ellos.

Por el contrario, cada muchacho judío tenía que comenzar con un estudio exhaustivo de la Ley y los profetas, empezando a temprana edad. Aunque este estudio de la Ley a menudo tenía mucho de tradición en sí, aún las Escrituras eran una obligación para cada varón. Y estas escrituras apuntaban a Jesús como el Mesías.

Los hombres que confrontaron a Jesús exigían fe y obediencia a las Sagradas Escrituras. *"Hipócritas,"* dijo Jesús, *"generación mala y adúltera."*[2]

Capítulo 3

El nacimiento virginal

Por tanto, el Señor mismo os dará señal: He aquí que la virgen concebirá, y dará a luz un hijo, y llamará su nombre Emanuel.

Isaías 7:14

Los detalles que encierran el nacimiento de Jesús revelan muchos cumplimientos milagrosos de profecías y señales en si mismos.

Setecientos años antes de Cristo, cuando el profeta Isaías exhortó al Rey Acaz para pedir a Dios una señal, Acaz rehusó, aludiendo a que estaría tentando a Dios. Entonces fue cuando Isaías dio su famosa respuesta, prediciendo el nacimiento

EL NACIMIENTO VIRGINAL

por medio de una virgen. (Emanuel significa *"Dios con nosotros,"*[1] y no fue el nombre dado al Niño. Su nombre debía ser Jesús.

En otra instancia Isaías dijo: *"Porque un niño nos es nacido, hijo nos es dado; y el principado sobre su hombro: y llamaráse su nombre Admirable, Consejero, Dios Fuerte, Padre Eterno, Príncipe de Paz."*[2] Setecientos años más tarde el ángel Gabriel, un mensajero celestial, se le apareció a María, la mujer que era de ser la madre del Niño, y le dijo que fue elegida por Dios para dar a luz al Mesías y que llamaría al Niño *"Jesús,"* que significa *"Salvador."* Pero el Niño (Jesús, Salvador, Emanuel) además era Admirable, Consejero, Dios Fuerte, Padre Eterno, Príncipe de Paz y mucho más.

Así, Jesús de Nazaret nació de una mujer llamada María, una residente de Nazaret, en la Galilea (entre el Mar Mediterráneo y el Mar de Galilea, en lo que hoy día es Israel). María estaba comprometida con José, un carpintero de la misma ciudad, pero ella aún era virgen.

¿Imposible? La ley era muy severa en tales asuntos. Cualquier mujer pensaría dos veces antes de cometer tal ofensa contra la ley local y la sociedad. Los riesgos eran demasiado grandes. Usualmente sería apedreada hasta la muerte. Cuando una mujer soltera tenía un niño, todos lo sabían. Era un

QUIÉNES SOMOS EN CRISTO

escándalo terrible. ¿Pero no era eso exactamente lo que Isaías les había anunciado con antelación en buscar?[3]

Si hubieseis sido José, ¿qué habríais pensado? La dulce y pura niña del campo, inocente, que estaba comprometida para casarse con el le vino y pidió ser comprensivo porque ella había visto un ángel, quien le dijo que estaría embarazada.

José estaba en una situación crítica. Había llegado a un compromiso de contrato matrimonial con esta mujer. Aunque aún no estaban viviendo juntos, se consideraba que él ya era su esposo.[4]

Legalmente no podía romper el compromiso. Y si él exponía a la mujer ahora, podría ser condenada a muerte por su crimen. Entonces él quedaría libre para desposarse con otra, o, de acuerdo a la ley, podría consumar el matrimonio y luego formular cargos de impureza contra su mujer.[5]

Dos factores lo abstuvieron de tomar cualquiera de estas decisiones. Primero, amaba a María y no deseaba lastimarla, aunque pensaba que le había sido infiel. Segundo, cualquier cargo que hiciese lo implicaría a él también, porque naturalmente sería sospechoso de ser el padre del niño.

Lo que más temía José era que María sería víctima del ridículo público. El la amaba demasiado como para verla soportar eso. El Mateo registró el

EL NACIMIENTO VIRGINAL

hecho de que José *"era justo, y no quería infamarla,"* entonces *"quiso dejarla secretamente".* [6] ¿Porque no lo hizo?

> *Y pensando él en esto, he aquí un ángel del Señor le apareció en sueños y le dijo: José, hijo de David, no temas recibir a María tu mujer, porque lo que en ella es engendrado, del Espíritu Santo es. Y dará a luz un hijo, y llamarás su nombre JESUS, porque él salvará a su pueblo de sus pecados.* [7]

La Biblia nos muestra que José creyó y obedeció el mensaje del ángel. Tomó por esposa a María, pero no tuvo relación sexual con ella hasta después del nacimiento de Jesús. [8]

De tal manera se hicieron los preparativos para un milagroso nacimiento virginal. Los ángeles prepararon el camino. El Espíritu Santo plantó la semilla de Dios en el vientre de una mujer justa. Y la semilla creció para producir al Niño Dios, Jesucristo. Así, El se convirtió totalmente en Dios y totalmente en hombre.

El linaje (línea familiar) de ambos, la madre y el padrastro de Jesús, fue una consumación de la profecía. [9]

Capítulo 4

Una visitación celestial

Había pastores en la misma región, que velaban y guardaban las vigilias de la noche sobre su rebaño. Y he aquí, se les presentó un ángel del Señor, y la gloria del Señor los rodeó de resplandor; y tuvieron gran temor.

Lucas 2:8-9

Durante la misma noche que nació Jesús en Belén, un pequeño poblado en Judea, hubo un extraño suceso en un cerro cercano. Unos pastores cuidaban sus rebaños cuando, de pronto, una luz intensa brilló sobre ellos. Estaban muy asustados.

UNA VISITACIÓN CELESTIAL

Cuando pudieron ver, presenciaron un ángel, quien les dirigió estas palabras:

> *No temáis; porque he aquí os doy nuevas de gran gozo, que será para todo el pueblo: que os ha nacido hoy, en la ciudad de David, un Salvador, que es CRISTO el Señor. Esto os servirá de señal: Hallaréis al niño envuelto en pañales, acostado en un pesebre.* [1]

Repentinamente apareció con el ángel una multitud de seres celestiales diciendo al unísono: *"¡Gloria a Dios en las alturas, y en la tierra paz, buena voluntad para con los hombres!"* [2]

¡Qué experiencia más dinámica! Ángeles se aparecieron a humildes pastores. Y el mensaje de los ángeles fue lo más emocionante. Sus buenas noticias, dijeron, eran *"para todo el pueblo."* Un Salvador había nacido, y ese Salvador era *"Cristo el Señor."*

"Cristo" es la denominación griega de la palabra "Mesías." Debido a la influencia griega en el Imperio Romano, el término "Cristo" se convirtió en uso común para hablar del Liberador venidero. Los ángeles declararon que Jesús era este "Cristo." El largamente esperado Mesías finalmente había venido.

¿Podría ser verdad? Debió haber sido muy difícil de creer para los pastores. El ángel dijo que se les daría una señal para probar la veracidad del mensaje. Pero, ¡qué señal tan extraña! Hallarían al Bebé Cristo envuelto en telas (ropaje mortuorio) y yaciendo en un pesebre (una artesa para alimentar al ganado).

La gente de Judea envolvía a sus muertos con tela de lino de rollos angostos. Después de una envoltura colocaban especias preservantes, luego otra envoltura y así continuaban el proceso. ¡Qué extraño encontrar un recién nacido envuelto en ropa mortuoria y, de todos los lugares posibles, acostado en una artesa para la alimentación del ganado! Sin embargo, esa fue la señal que dio el ángel.

Si los pastores hubiesen deseado inventar una historia de fantasía para pasar las horas de la noche solitaria, podrían haberla hecho mejor. ¿Quién podría creer sobre un Niño-Dios en ropa mortuoria y en un pesebre? Pero la historia no provino de pastores. Este mensaje vino de los ángeles.

Los pastores estaban consternados por todo ello, pero no podían dudar de lo que se les había dicho. Así, dejaron las ovejas y se encaminaron al pueblo en busca del Niño-Cristo. No lo fueron a ver a la casa del alcalde, ni en ninguna casa. Buscaron donde el ángel les había instruido: en los establos.

UNA VISITACIÓN CELESTIAL

En un establo tras un bodegón local, hallaron a María, José y al Niño, a quien María había acostado sobre la paja del pesebre. ¿Y como suponéis que el Niño recién nacido vestía? ¡Sí!, con ropa mortuoria, exactamente como el ángel había manifestado.

¡Qué coincidencia! Los pastores, en su ignorancia, sabían los detalles de tal poco ortodoxo nacimiento! ¿Es este solamente un mito ridículo? ¿Porqué razón una madre o padre en sano juicio envolvería a su niño en tela mortuoria y lo acostaría en un pesebre?

La verdad de la historia es esta: María y José estaban obligados a realizar el viaje a Belén desde su hogar en Nazaret para censarse sobre un impuesto que el gobernante romano, César Augusto, había dictado en todo su imperio. Debido a que eran de la casa y linaje de David,[3] debían registrarse en la ciudad de David, Belén.

El recorrido les tomó más tiempo de lo que esperaban, y María estaba lista a dar a luz cuando llegaron al poblado. Debido a la multitud de tributantes, sin embargo, las posadas estaban repletas. José buscó, pero no halló un refugio decente para su joven esposa. El único puesto era un establo. Así, María y José se refugiaron en un establo, y esa noche nació un Rey en tal lugar. Estaba limpio y cálido, pero muy humilde, un congruente comienzo para una vida tal como este Hombre viviría.

No tenían una cobija para El, mas alguien les proporcionó un paño limpio de lino, sin importar que fuese tela mortuoria. Mantuvo al Niño abrigado.

Luego, hubo el problema de un lecho. Alguien llenó un pesebre con heno suave, una cama para un Rey. El Salvador había nacido.

Los ángeles anunciaron la noticia a simples pastores en un cerro, porque para los fariseos, con sus túnicas doradas, difícilmente podían haber concebir a un rey en vestimenta mortuoria. Los pastores habían venido y hallaron que todo era verdad, aunque pudo haber parecido extraño.

¿Y qué hicieron los pastores luego?

> *Y al verlo, dieron a conocer lo que se les había dicho acerca del Niño.* [4]

Tal como la versión la Biblia en Ingles, la antigua versión Reina-Valera dice:

> *Y viéndolo, hicieron notorio lo que les había sido dicho del niño.*

Lo *"dieron a conocer"* o *"hicieron notorio."* Los pas-

UNA VISITACIÓN CELESTIAL

tores no pudieron mantenerse callados acerca de estos eventos maravillosos. Tenían que comunicárselos a otros. Imaginaos su emoción, a medida que relataban esta cadena de eventos una y otra vez.

Posiblemente recorrieron el poblado golpeando a las puertas, sacando a la gente de su sueño para escuchar la historia. Dieron a conocer o *"hicieron notorio"* lo que los ángeles les habían dicho y lo que encontraron en la actualidad en Belén. Hablaron tanto acerca de ello que se convirtió en un cuento conocido, y no solamente en Belén. Si se hizo notario allí, mas podéis estar seguro que en Jerusalén, solamente a unas pocas millas de distancia de Belén, se escuchó sobre lo que había sucedido aquella noche. Y podéis estar seguros que los líderes religiosos lo oyeron.

¿Cuál fue la reacción de aquellos que lo oyeron?

Y todos los que oyeron, se maravillaron de lo que los pastores les decían. [5]

"Todos ... se maravillaron." ¿Es suficiente? Claro que no. Pero una falta de entusiasmo de parte de cualquiera que oyó la extraña historia no desalentó a los pastores. Sabían lo que habían visto y oído. Por el resto de sus vidas, sin duda, frecuentemente hablaban con fervor de los sucesos de esa extraña noche.

QUIÉNES SOMOS EN CRISTO

Y volvieron los pastores glorificando y alabando a Dios por todas las cosas que habían oído y visto, como se les había dicho. [6]

Había sido exactamente *"como se les había dicho."* La misma noche en que nació Jesús Dios puso a la vista testigos desde los cerros judeanos y los envió a todas partes, proclamando el mensaje de los ángeles y la consumación descubierta en una cama de paja; pero los oyentes solamente "se maravillaban." No hay registro de otros que hayan visitado el establo, otros que hayan glorificado y alabado a Dios, ni otros que hayan llevado las buenas nuevas, solamente se maravillaban. Se maravillaban, pero sin aceptación. Se maravillaban, pero no creencia.

El pueblo de Dios anticipaba y esperaba pacientemente a un rey poderoso, que conduciría grandes ejércitos, que los liberaría de todos sus enemigos, a hacerlos una gran nación. ¡No tenían tiempo para un Rey del pesebre!

Capítulo 5

Señales en el cielo

Cuando Jesús nació en Belén de Judea en días del rey Herodes, vinieron del oriente a Jerusalén unos magos, diciendo: ¿Dónde está el rey de los judíos, que ha nacido? Porque su estrella hemos visto en el oriente, y venimos a adorarle. Mateo 2:1-2

El cielo enunció el nacimiento del Niño-Cristo. Los astrólogos en varias partes del mundo habitado advirtieron una extraña estrella que surgía en la parte oriental del cielo. La Biblia registra el hecho de varios hombres que habiendo visto la estrella, salieron de viaje hacia Judea y que les tomó alrededor de dos años en completar.

No se nos menciona el número, los nombres o la nacionalidad de los hombres. La tradición fija el número de tres, probablemente porque había tres regalos presentados al Niño-Cristo. No podemos decir con seguridad cuántos eran.

Algunas versiones de la Biblia los llama *"magos."*[1] La Nueva Versión Internacional, tal como otras versiones, simplemente los describe como *"unos sabios procedente del Oriente."*[1]

Cualquier idea acerca de dónde pudieron haber venido esos *"magos"* o *"sabios"* es también pura especulación. Especialmente India y China han creído desde hace mucho tiempo en las señales del cielo. Persia (actualmente Irán) tenía hombres similares a aquellos descritos en la Biblia. Posiblemente estos hombres eran hindúes o chinos, o persas. No podemos decir con certeza. Lo que si podemos decir es que realizaron un largo viaje y que no lo hubiesen hecho por sin tener razón de importancia. Estaban seguros de las señales del cielo. Lo que apreciaron fue tan inusual que les produjo abandonar su tierra natal y emprender una travesía muy larga, incierta y peligrosa.

¿Qué vieron exactamente estos hombres que tuvo tal efecto en ellos? Hasta la fecha, nadie sabe

SEÑALES EN EL CIELO

con seguridad. Algunos científicos han propuesto la teoría de que vieron un meteorito que se acercó a la Tierra y luego se incendió y desintegró en la atmósfera.

Otra teoría, derivada de cálculos astronómicos, es que alrededor del año 7 A.C. el curso de los tres planetas, Saturno, Júpiter y Venus, vistos desde la Tierra, se acercaron tanto entre ellos que parecían ser solamente una gran estrella. Dado que nuestros calendarios han cambiado varias veces a través de los años, parece ser que Jesús nació en el año 4 o 5 A.C. Y dado que la estrella que vieron los sabios apareció dos años antes, esto pudo haber sido el fenómeno que ellos presenciaron.

De ser así, ello solamente prueba el aspecto sobrenatural de esta señal, porque la unión de los planetas raramente dura más que unos pocos días. La estrella que vieron los hombres sabios reapareció casi dos años más tarde sobre Jerusalén, moviéndose a Belén, y se mantuvo quieta sobre la casa donde permanecía Jesús. Esto no fue una ocurrencia natural, sino un señal milagrosa del cielo.

No podemos estar seguros de que esta unión de los planetas formó la estrella misteriosa que los astrólogos asiáticos vieron. No sabemos. Lo que sabemos es que vieron una estrella, esa estrella realizó un curso extraño, y ellos la siguieron durante dos años, porque estaban convencidos que significaba un evento trascendental de la historia.

Fueron a Jerusalén y averiguaron:

> ¿Dónde está el rey de los judíos, que ha nacido? Porque su estrella hemos visto en el oriente, y venimos a adorarle. [2]

¿Porqué hombres de otros países viajarían desde tan lejos solamente para adorar al *"rey de los judíos?"* ¿Qué los hizo interesarse en un rey extranjero? El mensaje del cielo concordaba con el mensaje de los ángeles. Esta buena noticia *"será para todo el pueblo."* [3] Cristo Jesús tenía que ser el Salvador no solamente de los judíos sino también de los hindúes, chinos, persas, asiáticos, africanos, europeos, americanos y todos los demás. Lo declaró el cielo, y los hombres sabios lo creían.

Se detuvieron en Jerusalén para informar al Rey de Judea acerca de su visita. La noticia atormentó al rey, y tal agitación se esparció por toda Jerusalén y todos los habitantes se turbaron también. [4] ¿Puede haber alguna duda de que los líderes religiosos sabían acerca de tres extranjeros que habían aparecido en el palacio preguntando por el Niño-Rey? Por supuesto que no. Dios no hizo estas cosas

SEÑALES EN EL CIELO

en un rincón. Las declaró abiertamente en los tejados para que nadie las ignorase. En realidad, los principales sacerdotes y escribas fueron convocados en medio de este acontecimiento.

Herodes el Grande era el rey de Judea en ese tiempo. Según la historia, él asesinó a varios de sus propios hijos y eventualmente a su esposa favorita debido a sus intentos imaginarios de usurparle su trono. Ahora, él estaba comprensiblemente atribulado. No le gustó la idea de un rey a quien el cielo había declarado.

Herodes había estado oyendo otros rumores sobre el nacimiento de un Niño-Rey, de tal manera que convocó a todos los principales sacerdotes y escribas y les preguntó dónde había de nacer el esperado Mesías.

Ahora, ¿cómo sabrían dónde nacería el Mesías? ¡Simple! Las Escrituras declaraban exactamente dónde el Mesías nacería. Después de las consultas, dieron respuesta a Herodes.

En Belén de Judea; porque así está escrito por el profeta [Miqueas]:

Y tú, Belén, de la tierra de Judá, No eres la más pequeña entre los príncipes de Judá;

QUIÉNES SOMOS EN CRISTO

Porque de ti saldrá un guiador,
Que apacentará a mi pueblo Israel. [5]

Cuando Herodes oyó eso, llamó a los hombres del Oriente y les preguntó cuándo habían visto la estrella por primera vez. Le dijeron que casi dos años atrás. Herodes estaba convencido que esto no era "cuentos de abuela," y estaba seguro que su trono estaba en peligro. Decidió tomar medidas desesperadas para salvar su poder. Ordenó a los sabios ir a Belén y hallar al Niño y luego regresar para contarle dónde estaba el Niño (para que él pudiese ir y adorarlo también). Su verdadero plan era matar al Niño-Dios una vez localizado. Sus palabras de adorarlo eran solamente un pretexto.

Los sabios se encaminaron hacia Belén, y la estrella que habían visto en el Oriente reapareció, y estuvo delante de ellos, hasta que se detuvo sobre el lugar donde estaba el Niño.

Dos años habían pasado desde el nacimiento de Jesús. José y María ya no estaban en el establo. Sin embargo, aún estaban en Belén. El Señor le había señalado a José que sería peligroso entonces llevar a Jesús de regreso a Nazaret. En consecuencia, la familia estaba viviendo en una casa en Belén. La estrella se mantuvo en lo alto de esa casa.

SEÑALES EN EL CIELO

Y al entrar en la casa, vieron al niño con su madre María, y postrándose, lo adoraron; y abriendo sus tesoros, le ofrecieron presentes: oro, incienso y mirra. [6]

Los sabios habían viajado durante dos años y habían gastado una gran suma de dinero para ese momento. Pero no era suficiente el haber gastado tiempo valioso y dinero. Deseaban hacer más. Se postraron y adoraron al Cristo, sabiendo instintivamente que El no era solamente un hombre. Le dieron regalos, regalos que, sin duda, representaban los medios de Dios para sustentar a su Hijo y a los custodios de su Hijo durante la huida a Egipto que siguió.

No se nos dice cuánto tiempo los sabios permanecieron en Belén. Se nos dice, sin embargo, que mientras permanecieron en ese lugar, Dios le habló a uno de ellos en un sueño y le dijo que no debían volver hacia Herodes como estaba planeado, porque quería matar al Niño. Por lo tanto, tomaron otra ruta cuando emprendieron el viaje hacia su propio país.

Cuando Herodes supo que había sido engañado, estaba furioso. Para proteger su poder, puso en acción un plan aún más maligno y desesperado. Envió soldados a través de Belén y los alrededo-

QUIÉNES SOMOS EN CRISTO

res con la orden de matar a todos los niños de dos años y menores. Esto con seguridad lo cuidaría del Niño milagroso, nacido antes de dos años atrás. El plan fracasó solamente porque José fue advertido por el ángel del Señor en un sueño. Se levantó inmediatamente y huyó a Egipto con María y Jesús, permaneciendo allí hasta la muerte de Herodes. [7]

La matanza de los niños de Judea fue profetizada por Jeremías seiscientos años antes del nacimiento de Cristo. [8]

La huida a Egipto fue profetizada por Oseas setecientos cuarenta años antes del nacimiento de Cristo, [9] y por Balaam mil cuatrocientos años antes del nacimiento de Cristo. [10]

Capítulo 6

Confirmación en el templo

Y cuando se cumplieron los días de la purificación de ellos, conforme a la ley de Moisés, le trajeron a Jerusalén para presentarle al Señor.   Lucas 2:22

Herodes no estaba enterado de ello, pero Jesús ya había estado en Jerusalén, después de su nacimiento. Era el deber de cada pareja judía consciente cuyo primer hijo fuese varón, presentarlo al Señor en el templo de Jerusalén y ofrecer los sacrificios designados por la sagrada ley. [1] José y María, siendo pareja muy piadosa, realizaron el corto viaje desde Belén a Jerusalén, y sucedieron algunas cosas muy extrañas mientras estuvieron en el templo.

Un anciano que vivía en Jerusalén y fue reconocido como justo, piadoso, y ungido por el Espíritu Santo, consideraba que Dios le había conferido un mensaje personal: que no moriría antes que hubiese conocido al Mesías prometido.² Esperaba con gran expectación para que eso sucediera. Se llamaba Simeón.

Dada la posición de Simeón como padre espiritual en Israel, podéis estar seguros que era bien conocido por todos. Cuando la gente visitaba el templo lo hallaban orando y rindiendo culto. Era sumamente respetado por sus conciudadanos.

El día en que José y María llegaron a Jerusalén y unos instantes antes que entraran al templo, el Espíritu de Dios condujo también a Simeón a entrar. Cuando los padres entraron con el Niño Jesús, Simeón estaba allí esperando y fue atraído hacia el Niño:

> *El le tomó en sus brazos, y bendijo a Dios, diciendo:*
>
> *Ahora, Señor, despides a tu siervo en paz, conforme a tu palabra;*
> *Porque han visto mis ojos tu salvación,*

CONFIRMACIÓN EN EL TEMPLO

La cual has preparado en presencia de todos los pueblos;
Luz para revelación a los gentiles,
Y gloria de tu pueblo Israel. [3]

Luego Simeón se volvió hacia María, quien estaba sobrecogida por sus palabras, y le dijo:

He aquí, éste está puesto para caída y para levantamiento de muchos en Israel, y para señal que será contradicha. [4]

Estando familiarizados, José y María, a los milagros de Dios, estaban emocionados y asombrados por esta confirmación sobrenatural e inusual del cielo: "Estaban maravillados de todo lo que se decía de él." [5]

Por su parte, el anciano Simeón consideraba que ya estaba listo para morir. Había visto al Cristo del Señor. [6]

Si estos acontecimientos no fuesen suficientes para señalar a Jesús como el Mesías, otro extraño suceso sucedió durante ese mismo día. Había una viuda de edad avanzada en el templo, una profetisa. Su nombre era Ana. Su esposo había fallecido después de siete años de matrimonio. En vez de casarse nuevamente, entró al templo y permaneció allí día y noche durante ochenta y cuatro años, sirviendo a Dios con ayuno y oración.[7]

El templo de Jerusalén era el punto focal de la vida diaria en Israel. No importaba dónde viviese una persona (los judíos estaban bastante dispersos) ésta debía pasar cierta cantidad de tiempo en el templo. Aquellas que vivían en las proximidades lo visitaban diariamente para la adoración y aprendizaje. Las personas que vivían más alejadas lo visitaban en ocasiones especiales. Estas incluían el sacrificio anual para los pecados, las fiestas (Pascua, Pentecostés, Trompetas, Tabernáculos, Purim, Dedicación o Luminarias, etc.), el nacimiento del primer hijo varón, ciertas enfermedades que requerían ceremonias de limpieza y cualquier otra situación que requería un sacrificio animal.

Cada familia judía consciente y piadosa visitaba el templo de Jerusalén por lo menos anualmente, y cuando lo hacían, se encontraban con una mujer que había estado profetizando ahí durante ochenta y cuatro años. ¿Sería incorrecto suponer que todos los devotos judíos conocían bien a Ana? No cabe duda. Aún los niños conocían a la anciana.

Ahora, en el mismo día en que José y María visitaron el templo y en el mismo instante en que Simeón concluyó su mensaje a María, Ana se acercó a esa parte del templo y adoró a Jesús también,

CONFIRMACIÓN EN EL TEMPLO

dando gracias a Dios de que por fin sus oraciones fueron respondidas. El Salvador había nacido. Sin una sola palabra de Simeón acerca de la revelación que Dios le había dado, Ana inmediatamente también reconoció a Jesús como el Mesías.

La Biblia dice de Ana que *"hablaba del niño [Jesús] a todos los que esperaban la redención en Jerusalén."* [8] Ella había estado en el templo bastante tiempo para saber de aquellos que realmente creían que un día llegaría el Mesías, aquellos que *"esperaban la redención."* Y Ella no falló en contarle a uno de ellos sobre el Niño Jesús.

Los ángeles declararon el nacimiento de un Salvador, y los pastores lo "hicieron conocer." El cielo declaró el nacimiento de un Salvador, y los sabios remitieron ese mensaje a muchos, incluyendo al Rey de Judea y a todos los habitantes de la ciudad de Jerusalén. El Espíritu de Dios declaró el nacimiento de un Salvador, y Simeón y Ana remitieron ese mensaje *"a todos los que esperaban la redención."* ¿Podría ser que los escribas y fariseos no estuvieran entre aquellos que sinceramente esperaban la redención? ¿Podría ser que ellos eran demasiado orgullosos, impetuosos y de mente sabia como para aprender de pastores humildes o astrólogos extranjeros, o de una anciana viuda?

¡Cuánta razón tenía Jesús cuando denominó a

QUIÉNES SOMOS EN CRISTO

estos hombres *"hipócritas."*! Solamente una *"generación mala"* podía haber fracasado en reconocer y creer todas las señales milagrosas que Dios les estaba dando.

Capítulo 7

Una niñez milagrosa

Y el niño crecía y se fortalecía, y se llenaba de sabiduría; y la gracia de Dios era sobre él.   Lucas 2:40

Sabemos muy poco acerca del período de crecimiento de la vida de Jesús. Lo poco que sabemos, sin embargo, es significativo y merece nuestra atención.

Este pasaje, aunque es una muy breve visión de su vida temprana, da a entender tres cosas acerca del pequeño Jesús. Primero, Jesús era fuerte en espíritu, algo muy inusual para un niño. Era un niño seriamente dispuesto, no propenso a accio-

QUIÉNES SOMOS EN CRISTO

nes irreflexivas ni chiquilladas. Segundo, poseía una sabiduría única para su edad. Y tercero, estaba bendecido por la gracia de Dios.

El término "gracia" significa "favor inmerecido de Dios," y se usa con relación al pecado. Es la gracia de Dios la que permite a uno vencer la tentación y denegar al pecado sus placeres. Las Escrituras declaran:

> *Siendo justificado [declarado libre de culpa] libremente por su gracia.* [1]

> *Mas cuando el pecado abundó, sobreabundó la gracia.* [2]

> *Por gracia sois salvos [del castigo por el pecado).* [3]

> *Porque la gracia de Dios se ha manifestado para salvación a todos los hombres.* [4]

Pues, *"la gracia de Dios era sobre el"* quiere decir que había una pureza inusual en este Niño. Los muchachos normales mienten, hacen trampa, roban y hablan odiosamente, pero Jesús no hacía nada de esto. Era un chico modelo. Ningún historiador ha podido señalar a Jesús y nombrar ningún pecado que El hubiese cometido.

UNA NIÑEZ MILAGROSA

El único hecho registrado de la niñez de Jesús refleja las tres de estas señales milagrosas y muestra de que El era el Ungido de Dios. Sucedió de este modo:

La familia de Jesús iba cada año a Jerusalén para asistir a la Fiesta de Pascua. Viajaban con un gran grupo de familiares y conocidos. En esta ocasión (cuando Jesús tenía doce años), tuvieron una experiencia extraña.

Cuando se terminaron los días de fiesta, José y María emprendieron el viaje de regreso a casa. Jesús no se divisaba, pero no se preocuparon de El. Era un chico confiable. No se inmiscuiría en problemas o se perdería. Viajaron todo el día sin El.

Cuando se oscureció demasiado para continuar el viaje, y toda la compañía se había detenido para pernoctar, Jesús aún no aparecía. Entonces los padres se preocuparon. Esto era inusual en Jesús porque El nunca había sido causa de ninguna preocupación. Tal vez le ocurrió algún percance. Después de todo, cuando aún era un bebé, hubo atentados contra su vida.

María y José comenzaron la búsqueda a través del gran séquito de compañeros de viaje, mas sin ningún resultado. Entonces regresaron a Jerusalén en su búsqueda. Las Escrituras manifiestan:

QUIÉNES SOMOS EN CRISTO

Y aconteció que tres días después le hallaron en el templo, sentado en medio de los doctores de la ley, oyéndoles y preguntándoles. Y todos los que le oían, se maravillaban de su inteligencia y de sus respuestas. [5]

No les llevó tres días a María y José en regresar a Jerusalén, solamente *"un día de viaje."* Debieron haber pasado entonces gran parte de esos tres días buscando a su hijo alrededor de Jerusalén. Obviamente, el templo era uno de los últimos lugares donde pensaron buscar. ¿Por qué? Porque ¿quién esperaría que un niño de doce años estuviese ahí? No obstante fue ahí donde la búsqueda finalizó después de tres días.

Cuando la madre de Jesús lo cuestionó sobre porqué había hecho eso y haberles causado tanta aflicción, su respuesta fue:

¿Por qué me buscabais? ¿No sabíais que en los negocios de mi Padre me es necesario estar? [6]

La única reacción de Jesús fue de sorpresa y desilusión dado que sus padres se habían preocupado por El. Deberían haber sabido que El podía cuidarse de sí mismo y que si permanecía atrás en Jerusalén era por una buena razón.

UNA NIÑEZ MILAGROSA

Sin embargo, José y María eran solamente humanos y, sin duda, fueron presionados por los parientes y amigos quienes los debieron haber incriminado intensamente por haber sido descuidados con uno de sus hijos, mas que todo el hijo mayor. Sin embargo, cualquiera que hubiese sido la causa de su ansiedad, Jesús sintió que debieron haber sabido más.

Fijaos nuevamente en las tres características milagrosas del Niño Jesús: No se lo halló saltando en un montón de basura, ni arrojando piedras en un estanque, ni observando animales en un mercado de ovejas. Se le encontró sentado en el templo, tomando parte activa en la discusión de asuntos religiosos. La sabiduría con la cual El expresaba sus pensamientos deslumbró a *"todos los que le oían."* No estuvo resentido con su madre y padrastro. Más bien:

> *Y descendió con ellos, y volvió a Nazaret, y estaba sujeto a ellos.* [7]

Solamente un atisbo sobre la niñez de Jesús, sin embargo reveladora, llena de señales del cielo. Podéis estar seguros que los doctores de la Ley nunca olvidaron el nombre Jesús.

Capítulo 8

La declaración del nacimiento de Juan

Pero el ángel dijo: Zacarías, no temas; porque tu oración ha sido oída, y tu mujer Elisabet te dará a luz un hijo, y llamarás su nombre Juan. Y tendrás gozo y alegría, y muchos se regocijarán de su nacimiento.

Lucas 1:13-14

Uno de los sucesos más extraños de los antiguos relatos evangélicos es la repentina aparición de un hombre salido del desierto. Se le conocía como Juan el Bautista. Era hijo de Zacarías, un sacerdo-

LA DECLARACIÓN DEL NACIMIENTO DE JUAN

te, y de su esposa Elisabet, una hija de la línea de altos sacerdotes descendientes de Aarón, el hermano de Moisés.

Elisabet había sido estéril y también estaba entrada en años, pero el mismo ángel Gabriel que visitó a María, la madre de Jesús, visitó a Zacarías mientras estaba ministrando en el templo y le habló. Manifestó que debido a la rectitud, obediencia y indefectible oración de esta pareja, Dios había oído sus súplicas y los gratificaría con un hijo.

Este hijo prometido no sería un niño normal, sino sería *"grande delante de Dios,"* y sería *"lleno del Espíritu Santo, aun desde el vientre de su madre."*[1]

Lo más importante dicho por el ángel Gabriel en esta ocasión fue lo siguiente:

> *Y hará que muchos de los hijos de Israel se conviertan al Señor Dios de ellos. E irá delante de él con el espíritu y el poder de Elías [profeta reconocido que vivía unos novecientos años antes de Cristo] ... para preparar al Señor un pueblo bien dispuesto.* [2]

Zacarías quedó atónito. ¿Podrían ser verdaderas estas cosas? ¿Se estaba haciendo falsas ilusiones? ¿Estaba soñando? Era un viejo, y ni siquiera estaba seguro de poder engendrar un hijo. Su esposa era

QUIÉNES SOMOS EN CRISTO

"de edad avanzada." [3] ¿Podría aún concebir un hijo? Puso en duda a Gabriel: *"¿En qué conoceré esto?"* [4]

El ángel le contestó:

> *Y ahora quedarás mudo y no podrás hablar,*
> *hasta el día en que esto se haga.* [5]

Cuando Zacarías salió del templo ese día, no pudo hablar a aquellos que lo esperaban. Les indicó con señas, tratando de explicarles lo que había visto y oído. No pudieron entender, y pensaron que había recibido algún tipo de visión.

Capítulo 9

La confirmación de María

Y he aquí tu parienta Elisabet, ella también ha concebido hijo en su vejez; y este es el sexto mes para ella, la que llamaban estéril; porque nada hay imposible para Dios.
Lucas 1:36-37

Como vimos antes, según las palabras de Gabriel a Zacarías, la estéril Elisabet concebiría. Este mismo ángel Gabriel era el mensajero que visitó a la madre de Jesús, la virgen María, y le dijo que daría a luz al Salvador. A la vez, también le habló de Elisabet y su milagro. María y Elisabet resultaron ser primas. El Señor decidió acoger a esta justa fa-

QUIÉNES SOMOS EN CRISTO

milia con hijos—uno a la estéril y uno a la virgen.

Primero, Gabriel visitó a Zacarías, luego a María en el sexto mes del embarazo de Elisabet. Ni Zacarías ni Elisabet dijeron a nadie lo que el Señor les había prometido. Luego de su concepción, Elisabet se había escondido. Así nadie podría saber que había encinta. Sin embargo, en su mensaje a María, Gabriel confirmó su mensaje a Zacarías.

María decidió visitar a su prima con el propósito de confirmar el mensaje de Gabriel, y realizó un viaje de prisa a la montaña, a un pueblo de Judea donde se ocultaba Elisabet. Cuando Elisabet escuchó el saludo de María, la criatura saltó en su vientre, y Elisabet fue llena del Espíritu Santo, profetizando en alta voz.

> *Bendita tú entre las mujeres, y bendito el fruto de tu vientre. ¿Por qué se me concede esto a mí, que la madre de mi Señor venga hacia mí? Porque tan pronto como llegó la voz de tu salutación a mis oídos, la criatura saltó de alegría en mi vientre. Y bienaventurada la que creyó, porque se cumplirá lo que le fue dicho de parte del Señor.* [1]

Esta es la única instancia registrada de alguien saltando de gozo antes del nacimiento. Sin em-

LA CONFIRMACIÓN DE MARÍA

bargo, sucedió. El profeta venidero saltó de júbilo ante la presencia de su Salvador (Cristo se estaba desarrollando en el vientre de María).

María solamente había dicho una palabra de saludo, nada más. Sin una palabra, no obstante, el Espíritu de Dios le reveló a Elisabet que su prima María estaba albergando al Señor y Salvador en su cuerpo.

Las dos primeras declaraciones que hizo Elisabet pueden haber parecido contradictorias. Sabía que su prima María no estaba aun casada, y a pesar de ese conocimiento, profetizó: *"Bendita tú eres entre las mujeres, y bendito el fruto de tu vientre."* ¿Qué estaba haciendo una mujer bendita, no casada, con el *"fruto del vientre?"* ¿Estaba Elisabet tomando demasiada responsabilidad en sí al decir estas cosas? No, porque Elisabet no estaba hablando por si misma. Nunca se hubiese atrevido a decir tal cosa, aun si lo sospechaba. El poder de Dios de pronto vino hacia ella, y habló sin temor lo que parecía ser una disparatada profecía. Mas, era cierto.

Nadie lo sabía, excepto José y María. El Señor, no obstante, se lo señaló a Elisabet. Del mismo modo, nadie sabía acerca de la preñez de Elisabet excepto ella y Zacarías, pero el Señor se lo señaló a María. Entonces, estas primas pudieron reconfortarse con las milagrosas confirmaciones del Señor.

QUIÉNES SOMOS EN CRISTO

María permaneció en la casa de Elisabet alrededor de tres meses, y luego regresó a su propia casa algún tiempo antes del nacimiento de Juan.

Capítulo 10

El nacimiento de Juan el Bautista

Cuando a Elisabet se le cumplió el tiempo de su alumbramiento, dio a luz un hijo.
Lucas 1:57

Elisabet dio a luz un hijo, como el ángel había predicho y lo llamó Juan. Cuando los vecinos y parientes oyeron acerca de este milagroso nacimiento, todos se regocijaron. El Señor había engrandecido su misericordia sobre Elisabet.

De acuerdo a la ceremonia, un niño judío se nombraba al octavo día, y todos se juntaban en ese

QUIÉNES SOMOS EN CRISTO

día para decidir un nombre apropiado. Decidieron llamarlo "Zacarías" como su padre. Elisabet protestó: *"Se llamará Juan."*[1]

Los otros argumentaron: *"No hay nadie en tu parentela que se llame con ese nombre."*[2] Decidieron dejar a Zacarías establecer el argumento si podía, y le preguntaron qué nombre quería poner al niño. Zacarías pidió una tablilla y escribió en ella: *"Juan es su nombre."*[3] Todos se maravillaron.

El Señor les había hablado tanto a Elisabet como a Zacarías en ocasiones diferentes, y les había dado el mismo nombre para su hijo. Del mismo modo, el Señor les había instruido a María y José, en ocasiones diferentes, nombrar a su hijo, *"Jesús."*[4]

Cuando Zacarías escribió en la tablilla la frase: *"Juan es su nombre,"* completó la instrucción de Gabriel en el templo. El ángel había dicho que Zacarías sería incapaz de hablar *"hasta el día en que esto se haga."*[5] La asignación del nombre *"Juan"* fue lo último que tenia que hacerse, y cuando Zacarías hubiese hecho esto, su lengua inmediatamente se liberó, y habló por primera vez en nueve meses, alabando a Dios. El resultado de todo eso fue:

Y se llenaron de temor todos sus vecinos; y en todas las montañas de Judea se divulgaron todas estas cosas. Y todos los que la

EL NACIMIENTO DE JUAN EL BAUTISTA

*oían las guardaban en su corazón, diciendo:
¿Quién, pues, será este niño?* [6]

Cuando Zacarías se halló por primera vez con el ángel en el templo, probablemente comprendió muy poco el significado de las palabras del mensajero. Su única sorpresa pareció ser que él podía tener un hijo a su avanzada edad. Las palabras de Gabriel, sin embargo, eran mucho más significativas. Los teólogos, conociendo bien las profecías de Malaquías, creían que el profeta Elías regresaría a Judea justo antes de la venida del Mesías y presentaría al Salvador al pueblo.[7] (Se dice de Elías, quien vivió unos novecientos años antes de Cristo, que no tuvo una muerte física, sino que fue izado vivo al cielo por el Señor.[8]) El ángel manifestó que Juan tendría *"el espíritu y el poder de Elías"* y que prepararía al pueblo de Israel para la venida del Señor. Juan era el cumplimiento de la profecía de Malaquías. Jesús confirmó esto cuando dijo:

Porque éste es de quien está escrito:

*He aquí, yo envío mi mensajero delante de tu faz,
El cual preparará tu camino delante de ti.*

QUIÉNES SOMOS EN CRISTO

De cierto os digo: entre los que nacen de mujer no se ha levantado otro mayor que Juan el Bautista; pero el más pequeño en el reino de los cielos, mayor es que él. Desde los días de Juan el Bautista hasta ahora, el reino de los cielos sufre violencia, y los violentos lo arrebatan. Porque todos los profetas y la ley profetizaron hasta Juan. Y si queréis recibirlo, él es aquel Elías que había de venir.
El que tiene oídos para oír, oiga. [9]

Si Zacarías llegó a comprender esto más profundamente durante los meses siguientes antes del nacimiento de su hijo no lo podemos asegurar. Pero en el octavo día de vida del niño, cuando hubo obedecido a Gabriel en el último punto, nombrando a su hijo Juan, la lengua de Zacarías se liberó, *"fue lleno del Espíritu Santo"* [10] y profetizó estas palabras:

> *Bendito el Señor Dios de Israel,*
> *Que ha visitado y redimido a su pueblo,*
> *Y nos levantó un poderoso Salvador*
> *En la casa de David su siervo,*
> *Como habló por boca de sus santos profetas*
> *que fueron desde el principio;*

EL NACIMIENTO DE JUAN EL BAUTISTA

Salvación de nuestros enemigos, y de la mano de todos los que nos aborrecieron;
Para hacer misericordia con nuestros padres,
Y acordarse de su santo pacto;
Del juramento que hizo a Abraham nuestro padre,
Que nos había de conceder
Que, librados de nuestros enemigos,
Sin temor le serviríamos
En santidad y en justicia delante de él, todos nuestros días. [11]

Luego, dirigiéndose al niño Juan, pronunció:

Y tú, niño, profeta del Altísimo serás llamado;
Porque irás delante de la presencia del Señor, para preparar sus caminos;
Para dar conocimiento de salvación a su pueblo,
Para perdón de sus pecados,
Por la entrañable misericordia de nuestro Dios,
Con que nos visitó desde lo alto la aurora,
Para dar luz a los que habitan en tinieblas y en sombra de muerte;

QUIÉNES SOMOS EN CRISTO

Para encaminar nuestros pies por camino de paz. [12]

Tal vez, fue solamente entonces, cuando Zacarías fue *"lleno del Espíritu Santo,"* que esta significativa revelación acudió a él. Su hijo era un profeta consagrado del Señor, milagrosamente concebido y nacido, quien presentaría el largamente esperado Mesías al pueblo de Israel.

Tal como de Jesús, también se dice de Juan que cuando niño se *"fortalecía en espíritu."* [13]

Es posible que los padres de Juan hayan muerto cuando él era muy joven. A temprana edad se adentró en la tierra salvaje del desierto (posiblemente para vivir con el grupo ascético de los Esenios en la comuna de Qumran cerca del Mar Muerto). Juan permaneció allí, comunicándose con Dios, comiendo langostas y miel silvestre, vistiendo ropa burda tejida de pelo de camello y un cinto de cuero alrededor de su cintura, hasta que tuvo aproximadamente treinta años. Solamente entonces comenzó a predicar al pueblo de Israel.

Capítulo 11

Señales en el ministerio de Juan

En aquellos días vino Juan el Bautista predicando en el desierto de Judea. Mateo 3:1

El mensaje de Juan era: *"Arrepentíos, porque el reino de los cielos se ha acercado."* [1] También incriminaba a los saduceos y fariseos como lo haría Jesús. [2]

Dadas las muchas señales que acompañaron al nacimiento y la vida temprana de Juan, era muy bien aceptado como el profeta de Dios. Leemos:

QUIÉNES SOMOS EN CRISTO

Y salía a él Jerusalén, y toda Judea, y toda la provincia de alrededor del Jordán, y eran bautizados por él en el Jordán, confesando sus pecados. [3]

Esa era un área muy grande para viajar a pie. La influencia de Juan era enorme, una consumación de las profecías de Gabriel y de Zacarías.

Cuando Juan observaba verdaderas señales de arrepentimiento en sus seguidores, les pedía que confesasen sus pecados y acceder al bautismo en agua. Fue esta práctica que le confirió el nombre de "Juan el Bautista."

Muchos de estos seguidores de Juan creían que él era el Cristo. Juan lo negó firmemente diciendo:

Yo a la verdad os bautizo en agua para arrepentimiento; pero el que viene tras mí, cuyo calzado yo no soy digno de llevar, es más poderoso que yo; él os bautizará en Espíritu Santo y fuego. Su aventador está en su mano, y limpiará su era; y recogerá su trigo en el granero, y quemará la paja en fuego que nunca se apagará. [4]

Yo bautizo con agua; mas en medio de vosotros está uno a quien vosotros no conocéis.

SEÑALES EN EL MINISTERIO DE JUAN

Este es el que viene después de mí, el que es antes de mí, del cual yo no soy digno de desatar la correa del calzado. [5]

Al siguiente día, mientras la multitud se reunía nuevamente para escuchar su prédica, Juan levantó la vista y vio a Jesús dirigiéndose hacia él. Gesticulando a la multitud, expresó:

He aquí el Cordero de Dios, que quita el pecado del mundo. Este es aquel de quien yo dije: Después de mi viene un varón, el cual es antes de mí; porque era primero que yo. Y yo no le conocía; mas para que fuese manifestado a Israel, por esto vine yo bautizando con agua. [6]

Puesto que sus madres eran primas, muchos rechazarían inmediatamente la afirmación de Juan de que no había conocido antes a Jesús. Debemos recordar, sin embargo, que los viajes no eran comunes en aquellos tiempos, y que los hogares de Jesús y de Juan estaban separados al menos por cincuenta millas. Jesús vivía en Galilea y Juan en Judea. También debemos considerar el hecho de que Juan se internó en el desierto a muy temprana edad y permaneció allí hasta que comenzó su

QUIÉNES SOMOS EN CRISTO

ministerio predicador. Jesús trabajó en la carpintería de José en Nazaret hasta aproximadamente el mismo tiempo.

Cuando Juan vio a Jesús aproximarse a la ribera del Jordán, solamente tenía el testigo del Espíritu para decirle que este era *"el Cordero de Dios."* Sus caminos nunca se habían cruzado desde cuando sus madres embarazadas estuvieron juntas en Judea. Tal come el primer día en que había saltado de júbilo estando en el vientre de su madre, Juan nuevamente reconoció de forma sobrenatural a su Señor y Salvador, el objetivo de su vida y su ministerio. En un solo día, Juan reveló a Cristo a los habitantes de Jerusalén, Judea y las regiones alrededor del Río Jordán, un sorprendente cumplimiento de profecía.

Capítulo 12

El bautizo de Jesús

Y Jesús, después que fue bautizado, subió luego del agua; y he aquí los cielos le fueron abiertos, y vio al Espíritu de Dios que descendía como paloma, y venía sobre él. Y hubo una voz de los cielos, que decía: Este es mi Hijo amado, en quien tengo complacencia. Mateo 3:16-17

Jesús instó a Juan que lo bautizara también. Juan intentó rehusar, sintiendo que él necesitaba ser bautizado de Jesús. Jesús insistió, señalando que El debía poner el ejemplo a los

QUIÉNES SOMOS EN CRISTO

otros *"porque así conviene que cumplamos toda justicia."* [1] Juan obedeció y bautizó a Jesús a vista de la multitud presente.

Cuando Jesús subió del agua, surgió ante todos una paloma, un símbolo del Espíritu de Dios, que bajó y se posó en El. Al mismo tiempo hubo una voz de los cielos, que decía: *"Este es mi hijo amado, en quien tengo complacencia."* [2]

Juan dijo al pueblo que Dios anteriormente le había hablado y manifestó:

Sobre quien veas descender el Espíritu y que permanece sobre él, ese es el que bautiza con el Espíritu Santo. [3]

Una paloma que surgió y bajó sobre Jesús, una voz que se escuchó desde los cielos, Juan que conoce a un hombre que nunca antes había visto ... todas estas señales son confirmaciones inequívocas y milagrosas de los cielos que Jesucristo es el Hijo del Dios viviente. Aun así, algunos líderes religiosos continuaban pidiéndole alguna señal.

Pronto Juan fue puesto en prisión por Herodes el Tetrarca, puesto que el profeta le había

EL BAUTIZO DE JESÚS

reprobado porque (entre otras cosas) había tomado a la mujer de su hermano.[4]

Jesús continuó predicando durante los siguientes tres años a través de Judea y Galilea.

Capítulo 13

Señales en el propio ministerio de Jesús

Y estaban todos maravillados, y hablaban unos a otros, diciendo: ¿qué palabra es esta, que con autoridad y poder manda a los espíritus inmundos, y salen? Y su fama se difundía por todos los lugares de los contornos."   Lucas 4:36-37

Durante aquellos tres años Jesús presentó tales señales como: tornar el agua en vino, [1] alimentar a las multitudes, [2] caminar sobre las aguas del mar, [3] calmar una tormenta en el mar, [4] desbloquear ojos

SEÑALES EN EL PROPIO MINISTERIO DE JESÚS

ciegos, [5] destapar oídos sordos, [6] sanar a mudos, [7] curar a paralíticos, [8] limpiar a leprosos, [9] arrojar fuera una legión de demonios, [10] y levantar a los muertos. [11] Y aun así, los líderes religiosos buscaban más señales.

Una de las grandes señales que Dios les dio fue la sabiduría y poder excepcional de Jesús:

> *Y todos daban buen testimonio de él, y estaban maravillados de las palabras de gracia que salían de su boca, y decían: ¿No es éste el hijo de José?* [12]
>
> *Y se admiraban de su doctrina, porque su palabra era con autoridad.* [13]

Mucho de esto aconteció antes de la secuencia de Mateo 12, y aun los líderes religiosos estaban buscando una señal. En Mateo 16, distinguimos a los mismos hombres *"tentando"* al Señor, deseando una señal de los cielos. Nuevamente, Jesús los increpó diciendo:

> *Cuando anochece, decís: Buen tiempo; porque el cielo tiene arreboles. Y por la mañana: Hoy habrá tempestad; porque tiene arreboles el cielo nublado. ¡Hipócritas! Que*

QUIÉNES SOMOS EN CRISTO

sabéis distinguir el aspecto del cielo, ¡mas las señales de los tiempos no podéis! [14]

Jesús denominó a estos líderes insinceros, *"generación mala y adúltera"* y declaró que no les será dada señal, sino como El lo había prometido, *"la señal del profeta Jonás."* [15]

El profeta Isaías predijo la actitud de estos líderes:

De oído oiréis, y no entenderéis;
Y viendo veréis, y no percibiréis.
Porque el corazón de este pueblo se ha engrosado,
Y con los oídos oyen pesadamente,
Y han cerrado sus ojos;
Para que no vean con los ojos,
Y oigan con los oídos,
Y con el corazón entiendan,
Y se conviertan,
Y yo los sane. [16]

Este pueblo de labios me honra;
Mas su corazón está lejos de mí.
Pues en vano me honran,
Enseñando como doctrinas, mandamientos de hombres. [17]

SEÑALES EN EL PROPIO MINISTERIO DE JESÚS

Jesús describió a esta gente muy bien cuando dijo: *"Son ciegos guías de ciegos; ... ambos caerán en el hoyo."* [18] Pronunció ocho calamidades sobre los escribas y fariseos, [19] siendo la primera:

Mas ¡ay de vosotros, escribas y fariseos, hipócritas! Porque cerráis el reino de los cielos delante de los hombres: pues ni entráis vosotros, ni dejáis entrar a los que están entrando. [20]

Jesús advirtió a los fariseos que los muertos de Nínive se levantarían en el juicio y condenarían su generación. [21]

En el año 862 A.C., el Señor había determinado enjuiciar la malvada ciudad de Nínive. Primero, envió al profeta Jonás para advertir a la ciudad. Cuando Jonás llegó a Nínive y entregó su mensaje de enjuiciamiento, los habitantes se arrepintieron y se volcaron a Dios. El juicio se previno. [22] *"Y,"* dijo Jesús de su día a aquellos: *"He aquí más que Jonás en este lugar."* [23]

Más adelante advirtió que la reina del Sur se levantaría en el juicio y condenaría a esta dudosa generación. [24] *"Porque ella vino de los fines de la tierra,"* dijo, *"para oír la sabiduría de Salomón [un*

QUIÉNES SOMOS EN CRISTO

renombrado rey de Israel, temeroso de Dios]: y he aquí más que Salomón en este lugar." [25]

Jesús estaba, sin duda, justificado al rehusar dar cualquier señal adicional en esta ocasión. Las muchas señales ya dadas habían sido ignoradas. Estos líderes religiosos no merecían ninguna señal adicional. Merecían infortunio y juicio. Sin embargo, Jesús les prometió que aun les daría una gran señal, a la que llamó *"la señal del profeta Jonás."* Los exhortó a esperar esta señal, con el deseo de que muchos estuviesen convencidos de ella y se volcarían a El y viviesen.

Tercera parte

La prevaleciente misericordia de Dios

Capítulo 14

La justicia tardía

No os engañéis; Dios no puede ser burlado: pues todo lo que el hombre sembrare, eso también segará. Porque el que siembra para su carne, de la carne segará corrupción; mas el que siembra para el Espíritu, del Espíritu segará vida eterna. Gálatas 6:7-8

Nuestro Dios es un Dios justicia, un Dios de juicio verdadero. Él gratifica a la gente acorde a sus actos. El apóstol Pablo escribió:

Porque la ira de Dios se revela desde el cie-

QUIÉNES SOMOS EN CRISTO

lo contra toda impiedad e injusticia de los hombres. [1]

La ira de Dios viene sobre los hijos de desobediencia. [2]

Sí, Dios asigna solamente recompensas, pero además es un Dios de extremado amor, *"no queriendo que ninguno perezca,"* [3] siempre queriendo dar otra oportunidad, siempre existiendo la posibilidad de que algunos se arrepintiesen de sus acciones malévolas a volcarse a Él.

El profeta Moisés escribió:

Jehová, tardo de ira y grande en misericordia, que perdona la iniquidad y la rebelión. [4]

El salmista, Rey David, cantó:

Misericordioso y clemente es Jehová;
Lento para la ira, y grande en misericordia.
No contenderá para siempre,
Ni para siempre guardará enojo.
No ha hecho con nosotros conforme a nuestras iniquidades;
Ni nos ha pagado conforme a nuestros pecados.

LA JUSTICIA TARDÍA

*Porque como la altura de los cielos sobre la tierra,
Engrandeció su misericordia sobre los que le temen.* [5]

A pesar de la actitud de estos líderes religiosos beligerantes, y aunque El solamente les había prometido una señal adicional (*"la señal del profeta Jonás"*), la misericordia de Dios prevaleció para su pueblo. El no solamente les otorgó la gran señal que había prometido repetidamente, sino una serie de señales, centrándose alrededor de la muerte de Señor Jesús. Estas señales eran y son pruebas adicionales de que El era y es el único Hijo engendrado de Dios, Dios mismo velado en carne humana, el Salvador del mundo.

Para que El no fuese malinterpretado, Dios le habló a la gente en días de Jesús en términos directamente relacionados a su religión. El no podía haber hecho eso en naciones donde sólo unos pocos individuos sabían algo acerca de su religión. Sin embargo, pudo hacerlo en Israel. Ciertamente, esa era la mejor manera de hablar con esa gente porque su religión era su vida. Debido a esto, Dios les dio señales relacionadas a creencias, lugares, objetos y rituales sagrados. Estas señales no podían ignorarse o desapercibirse.

QUIÉNES SOMOS EN CRISTO

La observancia religiosa en Israel giraba alrededor del templo. Fue diseñado luego de un plan que Dios le había proporcionado a Moisés en el monte Sinaí para la construcción del tabernáculo del desierto.[6] Tenía tres áreas principales: La más grande de éstas era el Atrio de Afuera o Atrio Exterior; luego venía el Lugar Santo, y el área más pequeña se conocía como el Lugar Santísimo. Era allí donde se guardaba el arca del pacto.

El arca era un gran cajón de madera forrado con oro por fuera y por dentro. Contenía las tablillas de piedra donde Dios había escrito los diez mandamientos básicos de la ley. En un tiempo, el arca también contenía una vara de pastor, en la cual Dios milagrosamente hizo aparecer brotes (un recordatorio para Israel de la rebelión de sus antepasados en el desierto), y un contenedor con maná que Dios había proporcionado a su pueblo para alimentarlo en el desierto (un recordatorio del abastecimiento infalible de Dios).

Por encima del arca se posaba el propiciatorio, sobre el cual el sumo sacerdote rociaba la sangre de sacrificios de animales por los pecados del pueblo. El propiciatorio estaba hecho de oro puro. A cada lado se levantaba un querubín (ángel).

El Lugar Santísimo estaba separado del resto del templo por un grueso velo hecho de varias piezas

LA JUSTICIA TARDÍA

de material entretejido, *"de ... lino torcido: será hecho de obra primorosa, con querubines."* [7]

Una vez al año, el sumo sacerdote realizaba un sacrificio de sangre en el Lugar Santísimo y lo rociaba sobre el propiciatorio. Los pecados del pueblo quedaban cubiertos de este modo para el año anterior, y comenzaban el nuevo año con un antecedente limpio. Este fue el escenario para una serie de señales milagrosas que daría Dios.

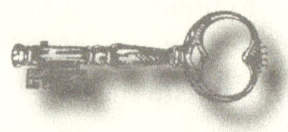

Capitulo 15

El desgarro de las vestiduras del sumo sacerdote

Entonces el sumo sacerdote rasgó sus vestiduras, diciendo: ¡Ha blasfemado!

Mateo 26:65

Jesús fue enjuiciado por la ley religiosa ante el sumo sacerdote, Caifás. Todo el concilio estaba presente.[1] Varios testigos falsos atestiguaron contra El; sin embargo se contradecían entre ellos. Cuando Jesús fue interrogado, no presentó de-

EL DESGARRO DE LAS VESTIDURAS

fensa. Luego Caifás formuló la pregunta que todo Israel deseaba conocer:

Te conjuro por el Dios viviente, que nos digas si eres tú el Cristo, el Hijo de Dios. [2]

Jesús simplemente respondió: *"Tú lo has dicho."* [3] La pregunta fue directa, y la respuesta aun más directa. Sí, Jesús era el Cristo. El era el Mesías prometido.

Cuando Caifás oyó la respuesta, su reacción fue extraña. *"Entonces el sumo sacerdote rasgó sus vestiduras."* Para muchos lectores de la Biblia, esto no pareciera ser significativo. Era una práctica corriente en los días bíblicos. Denotaba aflicción y duelo. Muchos personajes importantes en la historia de la Biblia fueron conocidos por hacer esto. [4] Muchos reyes rasgaron sus vestimentas en momentos de gran aflicción, [5] y muchos profetas hicieron lo mismo. [6] A comienzos de los años sesenta fui emplazado por un respetable pastor Indio para descubrir el verdadero significado de la acción de Caifás. Pensaba que el rasgado de las vestiduras del sumo sacerdote había ido contra la ley de Moisés. Yo no sabia si había ido contra la ley o no, pero me interesé lo suficiente para averiguarlo.

QUIÉNES SOMOS EN CRISTO

En los libros de la ley, hallé los siguientes pasajes que indican que las vestiduras de los sacerdotes se consideraban sagradas, santificadas o santas:

Y tomarás de la sangre que hay sobre el altar, y del aceite de la unción, y esparcirás sobre Aarón, y sobre sus vestiduras, y sobre sus hijos, y sobre las vestimentas de éstos; y él será santificado, y sus vestiduras, y sus hijos, y las vestimentas de sus hijos con él. [7]

Luego tomó Moisés del aceite de la unción, y de la sangre que estaba sobre el altar, y roció sobre Aarón, y sobre sus vestiduras, sobre sus hijos, y sobre las vestiduras de sus hijos con él; y santificó a Aarón, y sus vestiduras, y a sus hijos, y las vestiduras de sus hijos con él. [8]

Se vestirá la túnica santa de lino, y sobre su cuerpo tendrá calzoncillos de lino, y se ceñirá el cinto de lino, y con la mitra de lino se cubrirá. Son las santas vestiduras; con ellas se ha de vestir después de lavar su cuerpo con agua. [9]

Y en el libro de Ezequiel:

EL DESGARRO DE LAS VESTIDURAS

Cuando los sacerdotes entren, no saldrán del lugar santo al atrio exterior, sino que allí dejarán sus vestiduras con que ministran, porque son santas; y se vestirán otros vestidos, y así se acercarán a lo que es del pueblo. [10]

Hallé que las vestimentas sacerdotales eran confeccionadas de tal manera que no fuesen rasgadas accidentalmente, [11] y que a los sacerdotes realmente se les prohibía rasgarlas. [12]

Encontré verdadero que, aunque los reyes y profetas a menudo habían rasgado sus vestimentas en la aflicción, [13] nunca en la historia de la raza judía un sumo sacerdote profanó las vestiduras sacerdotales sagradas de este modo. Estas vestiduras se pasaban de un sumo sacerdote al siguiente. [14] Las investiduras nunca debían rasgarse, alterarse o profanarse de ninguna manera. De este modo el Señor establecía un *"sacerdocio perpetuo."* [15]

Estoy seguro que Caifás se preguntó qué lo condujo a cometer ese acto de arrebato, y también estoy seguro que el concejo conocía la ley y que comprendía la envergadura de esa señal particular de Dios, quien indujo a Caifás a rasgar sus vestiduras sacerdotales ante la presencia de todas las comunidades judías. Con esta acción El estaba

QUIÉNES SOMOS EN CRISTO

diciendo: "Ya no necesitáis un sumo sacerdote terrenal para ser vuestro intercesor ante Dios. Este es el Cristo, el Mesías, el Rey. Este es Mi Hijo, vuestro Libertador. Jesús es vuestro sumo sacerdote celestial. [16] El se ha convertido en vuestro intercesor. El sacerdocio terrenal queda disuelto."

La línea de altos sacerdotes terrenales llegó a su fin con Caifás, en cuanto a Dios se refería. En cuanto a estos hombres, Jesús era un blasfemo, merecedor de la muerte.

Cuando Caifás pidió un fallo: ¿Qué os parece?, los miembros del concejo respondieron unánimemente: *"¡Es reo de muerte!"* [17] Luego, escupieron a Jesús en el rostro, y le dieron de puñetazos. ¿Cuán ciegos pudieron ser?

Capítulo 16

El dilema de Pilato

Venida la mañana, todos los principales sacerdotes y los ancianos del pueblo entraron en consejo contra Jesús, para entregarle a muerte. Y le llevaron atado, y le entregaron a Poncio Pilato, el gobernador.

Mateo 27:1-2

Si hubiesen podido ejecutarlo, lo habrían hecho; pero estando bajo el dominio romano, estaban privados del derecho de dictaminar la sentencia de muerte. Sin embargo, sabían cómo hacerla ejecutar. Sólo debían actuar sobre las debilidades del gobernador romano, Poncio Pilato.

QUIÉNES SOMOS EN CRISTO

Cuando Jesús fue acusado ante el gobernador, Pilato comenzó a interrogarlo. Peculiarmente, la primera pregunta que le hizo fue la misma que le había formulado Caifás: *"¿Eres tú el Rey de los judíos?"* [1]

La respuesta de Jesús nuevamente fue breve, al punto y afirmativa: *"Tú lo dices".* [2]

Los principales sacerdotes y ancianos comenzaron luego a realizar muchas acusaciones contra Jesús, pero El nada respondió. Pilato entonces animó a Jesús a defenderse, pero El rehusó. Pilato se maravilló ante este hecho. Observó algo inusual respecto a Jesús y no deseó tomar parte en su ejecución. Le dijo a la multitud: *"Ningún delito hallo en este hombre."* [3]

Estos hombres no desistirían tan fácilmente. Argumentaron:

Alborota al pueblo, enseñando por toda Judea, comenzando desde Galilea hasta aquí. [4]

Esa era la evasiva que necesitaba Pilato. Si Jesús era de Galilea y un galileo, pertenecía a la jurisdicción de Herodes. Pues deje a Herodes decidir su destino. Fue apropiado para Pilato que Herodes estuviese en Jerusalén en ese momento. [5] Así que el prisionero fue remitido a Herodes. [6]

EL DILEMA DE PILATO

Herodes, viendo a Jesús, se alegró mucho, porque hacía tiempo que deseaba verle; porque había oído muchas cosas acerca de él, y esperaba verle hacer alguna señal. [7]

Otra razón del gozo de Herodes al ver a Jesús fue que había creído por mucho tiempo que El era Juan el Bautista resucitado de entre los muertos. [8] (El había decapitado a Juan.) Herodes le hizo muchas preguntas, pero Jesús *"nada respondió."* [9] Nuevamente rehusó defenderse.

Los líderes religiosos presionaron a Herodes *"con gran vehemencia,"* acusando a Jesús. [10] Entonces Herodes ordenó a sus soldados que lo vistieran con ropas espléndidas y permitió que se mofaran de El, pero Herodes no estaba preparado para sentenciar a muerte a Jesús. Ya había perdido bastante sueño por la decapitación de Juan. Este era el dolor de cabeza de Pilato. Entonces Herodes envió a Jesús de regreso a Pilato, quien quedó muy desanimado. Estando en el centro del dilema nuevamente, Pilato pensó en otra salida:

Entonces Pilato, convocando a los principales sacerdotes, a los gobernantes y al pueblo, les dijo: Me habéis presentado a éste como un hombre que perturba al pueblo; pero ha-

QUIÉNES SOMOS EN CRISTO

biéndole interrogado yo delante de vosotros, no he hallado en este hombre delito alguno de aquellos de que le acusáis. Y ni aun Herodes, porque os remití a él; y he aquí, nada digno de muerte ha hecho este hombre. Le soltaré, pues, después de castigarle. Y tenía necesidad de soltarles uno en cada fiesta. [11]

Era costumbre del gobernante romano perdonar y soltar a un prisionero cada año en la fiesta de Pascua. Puesto que se acercaba la fiesta, Pilato tuvo una buena oportunidad para dejar libre a Jesús. Así que hizo una proposición al pueblo. Tenía un prisionero de mala fama llamado Barrabás, un asesino, insurrecto y sedicioso. Entonces les dijo:

¿A quién queréis que os suelte: a Barrabás, o a Jesús, llamado el Cristo? [12]

Pilato esperaba seriamente que esta estrategia daría un buen resultado. Estaba atormentado por este asunto por varias razones. El sabía que los cargos eran falsos [13] y que Jesús era inocente. La mayor causa de preocupación, no obstante, era ésta:

Y estando él sentado en el tribunal, su mujer

EL DILEMA DE PILATO

le mandó decir: No tengas nada que ver con ese justo; porque hoy he padecido mucho en sueños por causa de él. [14]

¡Por cierto, extraño!, Jesús debía quedar libre. Sin embargo, para la rematada consternación del ya frustrado Pilato:

Los principales sacerdotes y los ancianos persuadieron a la multitud que pidiese a Barrabás, y que Jesús fuese muerto. [15]

Cuando Pilato preguntó a la multitud cuál de los dos debía ser liberado, respondieron sin vacilación: "¡Barrabás!" su apuro se complicó aun más cuando, en su desesperación, preguntó: *"¿Qué, pues, haré de Jesús, llamado el Cristo?"* La multitud gritó al unísono: *"¡Sea crucificado!"* [16]

Pilato quedó horrorizado. *"Pues, ¿qué mal ha hecho?"* [17]

La muchedumbre gritaba aun más, diciendo: *"¡Crucifícale, crucifícale!"* [18]

Pilato alegó tres veces con la turba enardecida, pero sin resultado. Gritaban tan fuerte que él ya no pudo ser oído. Debió haberse odiado a sí mismo por su debilidad, pero claudicó a los absurdos deseos de sus subordinados y aprobó la pena de muerte, la muerte para el Hijo de Dios, para el Rey de los judíos.

Cuando Pilato vio que no podía imponerse frente a la enardecía multitud, tomó agua y públicamente se lavó las manos, diciendo: *"Inocente soy yo de la sangre de este justo; allá vosotros."* [19]

Luego, los soldados romanos se hicieron cargo de Jesús. Lo desnudaron, le echaron encima un manto de escarlata, le pusieron sobre su cabeza una corona de espinas, y arrodillándose ante El burlándose, diciendo: *"¡Salve, Rey de los judíos!"* [20] Lo escupieron y lo golpearon en la cabeza, le quitaron el manto, lo azotaron treinta y nueve veces con un látigo romano, y le llevaron para crucificarle. Jesús fue forzado a llevar El mismo la pesada cruz la mayor parte del trayecto.

Lo crucificaron entre dos ladrones en una colina en las afueras de Jerusalén reservada para tales ejecuciones. El lugar era conocido como Gólgota, que significa: lugar de la calavera.

Capítulo 17

Oscuridad a mediodía

Y desde la hora sexta hubo tinieblas sobre toda la tierra hasta la hora novena.
Mateo 27:45

Hubo varias señales prominentes que acompañaron la crucifixión. La primera fue la oscuridad a mediodía. El día judío comenzaba a la seis de la mañana, así que la hora sexta era las doce del mediodía, y la hora novena correspondía a las tres de la tarde. En ese viernes específico, el primer día de Pascua, misteriosamente se oscureció a mediodía y permaneció así hasta las tres de esa misma tarde. Luego, nuevamente se aclaró hasta el atardecer.

QUIÉNES SOMOS EN CRISTO

¿Fue solamente un eclipse coincidental del sol en el mismo día en que el Hijo de Dios fue crucificado? ¡No!, no fue un eclipse de sol. Jesús fue crucificado durante la fiesta de Pascua que siempre se realizaba durante la luna llena. Es imposible un eclipse durante una luna llena. Adicionalmente, un eclipse de sol nunca dura más de diez u once minutos, mientras que esta oscuridad perduró tres horas.

Algunos han imaginado que una tormenta oscureció el área, pero tal tormenta no fue registrada.

Algunas veces, un período de oscuridad precede a un terremoto, y sí lo hubo luego de la extraña oscuridad en el Calvario. Sin embargo, ese no fue el caso esta vez, porque esta oscuridad no se limitó a un área. Se extendió *"sobre toda la tierra."* [1]

El relato de Lucas confirma el suceso. Uso las palabras idénticas: "sobre toda la tierra." [2] Eso no deja dudas. Este no fue un fenómeno natural. Esta fue una oscuridad sobrenatural que cubrió toda la tierra.

¿Qué fue lo que causó esta oscuridad? No fue un eclipse; no fue una tormenta; no fue un fenómeno natural que haya precedido un terremoto, y no era de noche en el lado del globo del Calvario. Sucedió durante el momento más luminoso del día, cuando el sol está directamente en lo alto y lanza sus rayos

OSCURIDAD A MEDIODÍA

con fuerza. Pero estaba oscuro. ¿Por qué? ¿Cómo?

Lucas escribió: *"Y el sol se oscureció."*[3] ¿Quién tiene el poder para oscurecer el sol sino el Dios que lo hizo? ¡El mismo apagó la luz ese día!

Si hubo tal oscuridad sobre toda la tierra, ¿no sería mencionada en otros escritos históricos? ¿es solamente un mito cristiano?

¡No es solamente un mito! El fenómeno se menciona en muchas historias cristianas, pero también en historias no cristianas. Celso, un célebre opositor al cristianismo durante el tercer siglo, admitió el hecho histórico de la oscuridad del Calvario. Tertuliano, un reconocido cristiano del segundo siglo, escribió una carta desafiante a sus incrédulos adversarios paganos. En ésta, atrevidamente señaló: "Al momento de la muerte de Cristo, la luz se retiró del sol, y la tierra se oscureció a mediodía. Tal maravilla se describe en vuestros propios anales y se preservan en vuestros registros hasta el día de hoy."

Los fariseos habían pedido señales. Ahora, en la fiesta de Pascua, se juntaron representantes del pueblo judío de todo el mundo. Durante el primer día de la fiesta, de pronto se oscureció a mediodía y permaneció anochecido hasta las tres de esa tarde. Dios les apagó la luz.

Imagínense la confusión que le siguió. Los anti-

QUIÉNES SOMOS EN CRISTO

guos eclipses de sol habían sido acompañados con caos. Algunos creían que el mundo había llegado a su fin y se suicidaron. Otros cayeron muertos por ataques al corazón. Unos tuvieron colapsos nerviosos. Todos tuvieron, por lo menos, un shock debido a esta ocurrencia.

¿Por qué Dios apagó las luces ese día? ¿En Jerusalén? Isaías nos da un indicio:

> *Verá el fruto de la aflicción de su alma, y quedará satisfecho; por su conocimiento justificará mi siervo justo a muchos, y llevará las iniquidades de ellos. Por tanto, yo le daré parte con los grandes, y con los fuertes repartirá despojos; por cuanto derramó su vida hasta la muerte, y fue contado con los pecadores, habiendo él llevado el pecado de muchos, y orado por los transgresores.* [4]

Durante tres horas Dios puso un velo a la vista humana de la agonía de Jesús. El llevó consigo los pecados de todos los hombres y mujeres de todas las generaciones y con sus pecados, la consiguiente maldición. Era demasiado para los hombres de presenciar. Dios apagó la luz para ocultar al "antipático." Al maldecido por el pecado, al rostro

OSCURIDAD A MEDIODÍA

agonizante de su Hijo, el Cordero de Dios, asesinado por los pecados del mundo.

¿Podía ser posible que nadie en Jerusalén asociara el presagio de la extraña oscuridad con el hombre al cual habían condenado a morir ese día en el Gólgota? ¿Estuvieron tan ciegos que no supieron que Dios había interrumpido su festividad para confirmarles que su Hijo estaba muriendo por ellos en una cercana cruz romana?

Capítulo 18

La rasgadura del velo del templo

Y he aquí, el velo del templo se rasgó en dos, de arriba abajo. Mateo 27:51

Jesucristo cargó los pecados de toda la raza humana en su propio cuerpo en la cruz. Su vida fue dada como el Cordero de Dios, nuestro sacrificio por los pecados para que pudiésemos ser salvados.

Todas las religiones importantes han incorporado un sacrificio de sangre en sus enseñanzas y rituales. El instinto parece decir a los pueblos que una vida debe ser sacrificada para salvar una vida. Como manifiestan las Escrituras: *"sin derra-*

LA RASGADURA DEL VELO DEL TEMPLO

mamiento de sangre no se hace remisión." [1] Gracias a Dios, El ha realizado el sacrificio más grande en la forma de su Hijo. La sangre de Jesús fue derramada para la absolución de nuestros pecados, los vuestros y los míos.

La sangre de Jesús brotó de siete heridas. El número siete, cuando aparece en la Biblia, denota perfección. Si algo se hizo siete veces, se realizó perfectamente. La sangre de Jesús brotó de la frente herida por la corona de espinas. Fluyó desde la espalda desgarrada por el látigo despiadado. Brotó desde las heridas de los clavos en cada mano y en cada pie. Y (ya después de muerto) brotó desde el costado perforado por la lanza.

Su sangre fue derramada. Su sacrificio conferido. El Cordero fue asesinado, la salvación fue completa. Sin embargo, Jesús no murió por pérdida de sangre. Jesús *"entregó el espíritu."* [2] El dio su vida. No fue tomada por la voluntad de los hombres.

En el instante en que Jesús dio su vida, de pronto el velo del templo en Jerusalén se rasgó en dos, de arriba abajo. Este velo no era un trozo ajado de un material envejecido. Era una obra hecha a mano bien realizada, por lo que muchos estudiosos dudan sobre la posibilidad de haber empleado tiros de caballos para destrozarla.

El velo rasgado no fue una consecuencia del

terremoto, del cual discutiremos pronto. El remezón no podría haber rasgado una cortina que estuviese colgando suelta mientras que la construcción que la albergaba quedaba incólume. El velo no se deshizo en pedazos sino que se rasgó limpiamente. Y, adicionalmente, la rasgadura comenzó en la parte superior, demasiado alta como para que un ser humano la alcanzase. El velo tenía alrededor de sesenta pies (veintiún metros) de altura. Dios rigió ese velo, lo rasgó en dos y abrió el Lugar Santísimo.

El registro del tiempo fue significativo. Jesús murió y el velo se rasgó a las tres en punto de la tarde, exactamente a la hora de los sacrificios de la tarde. Los sacerdotes, en el cumplimiento de sus funciones, estaban de pie en el Lugar Santo ante el velo cuando Dios lo rasgó en dos. Cómo fue la reacción de estos sacerdotes sólo la podemos imaginar. El efecto que esta experiencia tuvo en ellos la sabemos leyendo:

> *Y crecía la palabra del Señor, y el número de los discípulos se multiplicaba grandemente en Jerusalén; también muchos de los sacerdotes obedecían a la fe.* [3]

Los sacerdotes, pareciese, sería la gente más

LA RASGADURA DEL VELO DEL TEMPLO

difícil de convertir. Estaban demasiado inmersos en sus propias enseñanzas religiosas. Pero sucedió algo tan dinámico a estos sacerdotes en particular, que estuvieron convencidos que Dios les estaba hablando acerca de Cristo, y no dejaron pasar mucho tiempo antes que se tornaran obedientes a la fe.

¿Qué hizo que la experiencia de ese día los convenciera que provenía de Dios y que concernía a Cristo? ¿Y por qué otros no la reconocieron? La trascendencia de los eventos del día coincide con la importancia de la construcción del templo, con el propósito de sus divisiones. La forma física daba a entender una contraparte espiritual y la parte más importante de la construcción era el velo.

El velo del templo era una barrera. Mantenía a hombres y mujeres fuera de la presencia de Dios, fuera de su gloria. ¿Por qué? Porque el pecado separaba a hombres y mujeres de Dios. La inmoralidad hizo al hombre indigno de acercarse a un Dios divino.

La congregación solamente podía entrar hasta el Atrio de Afuera. Su pecado impedía acercarse más al Lugar Santo. Los sacerdotes, después de cumplir varias ceremonias de limpieza, entraban al Lugar Santo todos los días para efectuar sacrificios. Solamente el sumo sacerdote (quien debía tomar las más estrictas precauciones para mantenerse alejado de la contaminación) podía ingresar al Lugar Santísimo y solamente una vez al año. Porque ahí moraba el *shekinah*, una nube de la gloria de Dios y símbolo de su presencia. La mayor grandeza de Dios estaba oculta por el velo.

El velo mantenía a los hombres y mujeres corrientes alejados de experimentar la presencia de Dios. Ningún hombre corriente jamás se atrevió a violar la ley que le prohibía entrar al Lugar Santísimo. Sabían que Dios les provocaría la muerte en el acto si lo intentaban.

Ahora, de pronto la barrera se hizo a un lado. Se abrió el velo. Se rasgó *"por la mitad."*[4] Los sacerdotes repentinamente contemplaron el centro de la presencia de Dios, ¡y no cayeron muertos! ¿Qué podía significar aquello?

Primero, significó que se había tratado el pecado. Jesús había venido a salvar *"a su pueblo de sus pecados."*[5] Había luchado exitosamente con él, y había obtenido la victoria. La horrible oscuridad de la agonía del Calvario había pasado. Ahora vino la luz al mundo. Jesús había vencido al pecado.

Con la remoción del pecado, la necesidad del velo fue removida. Con la remoción de la barrera hacia la comunión, hombres y mujeres podían acceder libremente ante la presencia de Dios. La

LA RASGADURA DEL VELO DEL TEMPLO

gente corriente podía aproximarse a un santo Dios sin temor. A través de Cristo ahora ellos eran personas dignas.

Por consiguiente, el velo era la parte más importante del templo. Su construcción se ejecutaba en función del velo. Ahora, sin éste, el templo perdió completamente su razón de ser, su dispensación se disolvió, y nadie pudo dudar que Dios lo hubiera ejecutado.

Ahora, el mensaje evangélico de Cristo abriría libremente la puerta a *"el que quiera"*[6] acercarse a Dios a través de la expiación de la sangre de Cristo. No quedaron barreras. ¡Qué maravilloso mensaje dio el velo a los sacerdotes!

Cuánto comprendieron los sacerdotes en ese momento no lo sabemos, pero durante los días y semanas siguientes debieron haber llegado a la conclusión de que el velo era un símbolo o categorización de Cristo.

Así que, hermanos, teniendo libertad para entrar en el Lugar Santísimo por la sangre de Jesucristo, por el camino nuevo y vivo que él nos abrió a través del velo, esto es, de su carne ....[7]

Los colores del velo representaban su naturaleza: el azul de su carácter celestial, el rojo de su carácter terrenal y el púrpura entre ser la fusión de ambos en verdadero hombre y verdadero Dios al mismo tiempo. Jesús el hombre y Cristo, Dios velado en carne humana, unidos en una *"obra primorosa"* de artesanía hecho por la mano de Dios, para resultar en nuestro Señor Jesucristo, la palabra hecha carne.

Del mismo modo en que la rasgadura del velo abrió paso a los hombres para acercarse al Lugar Santísimo, la crucifixión de Jesús (el desgarramiento de su carne) proporcionó un camino al hombre para acercarse a Dios, no simplemente simbólicamente o en un solo lugar, sino en la realidad y en todas partes. Jesús murió en una cruz solamente porque Dios lo dispuso que así fuese. Se habían realizado muchos ataques contra su vida, pero ninguno le pudo dar muerte antes que su hora hubiese llegado.

Esta vez la hora había llegado, y Dios efectuó su sacrificio. Jesús fue impactado por Dios. Del mismo modo que el velo fue rasgado desde arriba, así nuestro velo, la carne de Jesús, fue rasgado por la mano de Dios. Y se abrió el camino, a través de Cristo, hacia la presencia y gloria del Padre, para todos y para todas las épocas.

El porqué muchos no lo reconocieron inmedia-

LA RASGADURA DEL VELO DEL TEMPLO

tamente no lo podemos decir con seguridad. Una cosa es cierta. El mensaje del velo no solamente se dirigió a los sacerdotes del templo de Jerusalén. Todos los que estaban en Jerusalén visitaron el templo durante la fiesta de Pascua. Cuando lo hicieron, vieron el velo rasgado y abierto el Santísimo.

Primero, se oscureció misteriosamente durante tres horas. Luego, se produjo un fuerte terremoto. Ahora vieron el velo del templo rasgado en la mitad. Por medio de esta señal Dios le estaba diciendo a toda la gente, "No hay más necesidad de sacrificios de animales. El Cordero de Dios ha sido muerto. Nunca más será necesario rociar la sangre de animales sobre el propiciatorio. La sangre de Jesucristo ha pagado definitivamente las culpas y está siendo regada eternamente sobre el propiciatorio en la corte celestial."

Aunque la única otra verificación histórica sobre la rasgadura del velo que poseo proviene de Josefo, es una prueba suficiente de que ningún sacerdote, letrado, ni historiador haya contradicho la historia del Evangelio acerca de este evento. ¡Sucedió!

Nuevamente, ¿Podría ser posible que no relacionaran la señal con el hombre que habían condenado a muerte solamente unas horas antes? ¡Qué ciegos!

Capítulo 19

Un terremoto

Y la tierra tembló, y las rocas se partieron.
Mateo 27:51

Cuando Jesús clamó con voz colosal el grito de victoria y conquista, de pronto el suelo alrededor de Jerusalén comenzó a temblar.[1] Cuán extendido resultó el terremoto no lo sé. Tampoco sé cuánto duró. Pero sí sé que fue lo suficientemente violento como para romper rocas en pedazos.

Un terremoto de esa magnitud lo tuvieron que sentir todos los moradores de Jerusalén y aquellos miles de visitantes a la fiesta de Pascua en la ciudad sagrada. Físicamente, Dios los remeció

UN TERREMOTO

para que recuperasen sus sentidos y mostrarles el tremendo error que habían cometido al rechazar a su Hijo.

Aún hoy en día se pueden observar grietas en la faz del Gólgota, a las que los expertos mencionan como "muy extrañas" y "prueba de que hubo un gran terremoto" allí. Dios dejó una de sus señales ahí para verlas por los siglos de los siglos.

Pero éste no solamente fue otro terremoto. No hubo nada natural en él. Fue, en cada aspecto, un suceso sobrenatural. Lo sabemos por varias razones. Primera: Fue un gran terremoto, lo suficientemente potente como para partir rocas en dos como papel, lo suficientemente violento como para producir profundas grietas en la ladera rocosa y exponiendo sepulturas judías. Sin embargo, ninguna otra cosa fue perturbada. El templo no colapsó; no fueron dañadas las viviendas de Jerusalén, ni tampoco la cruz fue removida de su lugar. Eso no fue natural.

El propósito del terremoto no fue enviar la justicia de Dios a un pueblo incrédulo. Seguramente eso se habría justificado en la hora de la muerte de Cristo, pero ese no fue el caso. Un Dios misericordioso envió este fenómeno sobrenatural.

Tres horas de oscuridad a mediodía, el velo del templo rasgado en dos y un terremoto para re-

QUIÉNES SOMOS EN CRISTO

matar. ¡Qué extraño que esto tuviese que ocurrir exactamente al momento que murió Jesús!

En instantes en que los sacerdotes permanecían en sus puestos durante ese día, exactamente en los momentos del sacrificio de la tarde, de pronto sintieron que todo temblaba a su alrededor. En esos instantes el velo del templo se rasgó. Nada más se dañó. ¡Sin duda recibieron el mensaje!

En 1941 A.C., Dios le habló al profeta Moisés en el monte Sinaí, cerca del Mar Rojo. Le entregó una ley escrita que condujo a una nueva dispensación en la relación de Dios con los hombres. Es digno de mencionar que hubo un gran terremoto en ese lugar.

> *Todo el monte Sinaí humeaba, porque Jehová había descendido sobre él en fuego; y el humo subía como el humo de un horno, y todo el monte se estremecía en gran manera.* [2]

El pueblo de Dios siempre recordaba ese terremoto como una señal que acompañaba su pacto con Dios. En el siglo décimo antes de Cristo, el Rey David menciona el fenómeno en una de sus canciones. [3]

Los creyentes pensaban que los terremotos estaban relacionados con la presencia, y más aún,

UN TERREMOTO

con el pronunciamiento de su Dios.[4] Era entonces natural en Dios el hecho de enviar otro terremoto, esta vez en el monte Calvario, para dar a entender la conducción de su nuevo pacto, una nueva relación entre Dios y el hombre, una nueva dispensación, una nueva época.

La muerte de Jesús trajo consigo el fin de la "era de la ley" y comenzó la "era de la gracia" o la "dispensación de la Iglesia," y trajo consigo una nueva relación entre el hombre y Dios. A través de Cristo podemos nacer dentro de la familia de Dios. Él se convierte en nuestro Padre, y nosotros nos tornamos en sus hijos. Un terremoto y el rasgado del velo del templo dieron testimonio del hecho.

De pie, y cerca de la cruz, se encontraba un centurión romano con algunos de sus amigos. Eran hombres idólatras, adoradores paganos de falsos dioses. Nada sabían de los profetas Moisés o Elías. Nunca habían visto ninguno de los milagros de Cristo o escuchado acerca de sus incomparables enseñanzas. Pero cuando vieron la oscuridad a mediodía, oyeron el clamor de Jesús desde la cruz y sintieron la violencia del terremoto, su acogida fue notoria:

Temieron en gran manera, y dijeron: Verdaderamente éste era Hijo de Dios.[5]

QUIÉNES SOMOS EN CRISTO

Otros que estaban cerca y lo vieron todo, *"se volvían golpeándose el pecho"*[6]

¡Que Dios ayude a los orgullosos fariseos! Un soldado romano hablará contra ellos en el gran Día del Juicio. ¡Que Dios sea misericordioso con los escribas! Un pagano sabía más que ellos en el día en que Jesús murió por los pecados de todos los hombres.

Capítulo 20

El clamor de victoria

Mas Jesús, habiendo otra vez clamado a gran voz, entregó el espíritu. Mateo 27:50

Estoy más convencido que nunca de que el clamor desde la cruz no fue un grito normal de un hombre moribundo, y debería considerarse como una de las señales del cielo que selló las demandas de Jesús.

En las narraciones sobre el clamor final desde la cruz, tres de los cuatro escritores evangelistas, Mateo, Marcos y Lucas, usaron una expresión idéntica. Esto es inusual. Los tres hombres eran diferentes. Tenían diferentes niveles de educación, diferentes antecedentes y diferentes vocabularios. Aunque sus textos generales concuerdan, a menudo la redacción es bastante variada. Sin embargo, en este caso, el Espíritu Santo les otorgó la misma redacción mientras escribían. Todos indican que Jesucristo dio *"gran voz."*[1]

Ahorra, ¿Cuán grande es un *"gran voz"*? Creo que del contexto de los pasajes que esta *"gran voz"* no se refiere a una gran voz humana, sino a una sonoridad, por ejemplo, al usar un amplificador. El clamor fue tan intenso que mereció la mención de los tres escritores, y condujo a los escritores a usar la misma expresión.

Mateo y Marcos asignaron una conexión directa entre la anormal *"gran voz"*, el terremoto y la rasgadura del velo. Denotaron que el clamor dinámico fue la gran fuerza que estremeció la tierra y rasgó el velo.

Los tres escritores mostraron una conexión directa entre el clamor y la reacción del centurión, sus compañeros y otros que permanecían cerca de la cruz. El consenso es que el clamor afectó a todos más que el terremoto o la oscuridad.

¡Qué clamor tuvo que haber sido! ¡Qué tan glorioso clamor! ¡Qué clamor de victoria! El grito de un Conquistador. El grito del Vencedor. ¡El pecado estaba pagado para siempre! ¡Satanás fue

EL CLAMOR DE VICTORIA

derrotado para siempre! ¡Cristo era el Victorioso! Entonces, de sus labios brotó un clamor tan grande que debió haberse oído por encima del ruido de la actividad de Jerusalén.

"¿Qué fue eso?" Me imagino a alguien preguntando.
"Sonó como alguien clamando."
"Ningún hombre podría gritar tan fuerte."
"Pero lo oí."
"Y yo también."

Y todos por igual. Estoy seguro que sí. Tal vez por el terremoto que lo acompañó desviaron su atención. Pero lo debieron haber recordado.

Crucificado, Jesús gritó victoria en su momento de muerte. La muerte fue su victoria. La muerte fue su llamado. La muerte fue su coronación. Sacando su último aliento, dio un último clamor de victoria que asombró a todos quienes lo oyeron y a todos quienes oyeron acerca de ello.

¡Victoria! ¡Dulce victoria!

Capítulo 21

La señal del profeta Jonás

Y apiñándose las multitudes, comenzó a decir: Esta generación es mala; demanda señal, pero señal no le será dada, sino la señal de Jonás. Porque así como Jonás fue señal a los ninivitas, también lo será el Hijo del Hombre a esta generación. Lucas 11:29-30

Algunos afamados seguidores de Jesús se dirigieron a Pilato y le solicitaron si podrían recuperar su cuerpo. Cuando Pilato estuvo seguro que Jesús estaba muerto, consintió. Envolvieron su cuerpo cuidadosamente con vestiduras solemnes, evitando muchas de las especies de embalsamar

LA SEÑAL DEL PROFETA JONÁS

normalmente usadas, dado que el día del reposo comenzaría pronto,[1] y estaría contra la ley enterrar a los muertos el día sábado.

Uno de estos discípulos era José de Arimatea, un hombre rico que poseía un área de jardines contiguo al cerro Gólgota. Ahí tenía un sitio con un sepulcro parcialmente terminado, esculpido en roca sólida y que estaba preparando para sí mismo y su familia. Sus trabajadores rápidamente ampliaron la única tumba que podía acomodar el cuerpo de Jesús. Luego de hacer rodar una gran piedra sobre la puerta del sepulcro, los discípulos se retiraron.

Al día siguiente, muchos de los sacerdotes y fariseos principales nuevamente se dirigieron a Pilato. Recordaron las palabras de Jesús, a quien llamaban *"aquel engañador,"* cuando El dijo: *"Después de tres días resucitaré."*[2] Deseaban que Pilato pusiera un sello en el sepulcro y que guardias lo vigilasen día y noche para que nadie pudiera robar el cuerpo de Jesús y aducir que Él había resucitado. Esto me conduce a creer que ellos comprendían perfectamente lo que Jesús quiso decir con su frase: *"la señal del profeta Jonás."*

Jonás era un profeta del siglo octavo antes de Cristo. Mientras escapaba de una tarea que el Señor le había encomendado, fue arrojado por la

QUIÉNES SOMOS EN CRISTO

borda de un barco y tragado por un gran pez. Jonás permaneció vivo en el vientre durante tres días y tres noches. Luego de tres días, el pez vomitó a Jonás en la orilla en respuesta a la oración de arrepentimiento del profeta. Jesús manifestó que como Jonás estuvo en el vientre del gran pez durante tres días, Él estaría tres días en el vientre de la tierra. Y como Jonás, que salió vivo del vientre de la ballena, Él saldría vivo del sepulcro. Jesús los había exhortado a esperar esta señal. Ellos comprendían lo que era de observar pero aun no creían que sucedería. Temían que sus discípulos tratasen de falsear una resurrección, pero juraron que no permitirían que eso sucediese.

Las autoridades sellaron el sepulcro y pusieron un guardia para custodiarlo día y noche. Durante tres días permaneció imperturbable. Luego, temprano en la mañana del cuarto día, algo extraño comenzó a suceder en el sepulcro. El campo de Jerusalén comenzó a temblar violentamente. En medio del terremoto, los soldados que estaban cuidando el sepulcro fueron testigos de una extraña vista.

Un ángel del Señor, descendiendo del cielo y llegando, removió la piedra, y se sentó sobre ella. Su aspecto era como un relámpago, y

LA SEÑAL DEL PROFETA JONÁS

su vestido blanco como la nieve. Y de miedo de él los guardas temblaron y se quedaron como muertos. [3]

Cuánto tiempo se quedaron aquellos soldados ahí desfallecidos no lo sabemos. Debieron haberse ido al momento en que llegaron las mujeres.

Varias mujeres llegaron temprano esa mañana con especias para ungir el cuerpo de Jesús. Se preguntaban quién les podría mover la gran piedra a un lado para poder ingresar al sepulcro. Sin embargo, para su gran asombro, la entrada estaba abierta, y entraron libremente. Cuando lo hicieron, vieron que Jesús ya no estaba ahí. En cambio, vieron un ángel sentado en la cabecera de la tumba donde Jesús había yacido y estuvieron comprensiblemente aterradas.

El ángel les habló diciendo:

No os asustéis; buscáis a Jesús nazareno, el que fue crucificado; ha resucitado, no está aquí; mirad el lugar en donde lo pusieron. [4]

A pesar de estas palabras reconfortantes, las mujeres escaparon del sepulcro aterrorizadas y corrieron a contarles a los discípulos de Jesús lo que habían visto y oído.

QUIÉNES SOMOS EN CRISTO

Jesús había cumplido su promesa. Entre los grandes líderes religiosos, solamente Jesús resucitó de entre los muertos. Todos los otros están muertos para siempre. Jesucristo es el Salvador resucitado y viviente de toda la humanidad. Se dio la señal del profeta Jonás, y fue acompañada por un terremoto para darle hincapié.

Cuando los soldados romanos despertaron de su desmayo, debieron haber ido, con gran emoción, a contarles a los otros lo que habían visto, dado que la noticia de que Jesús había resucitado de entre los muertos se esparció rápidamente a través de Jerusalén. Cuando la noticia llegó a oídos de los líderes religiosos, éstos se dirigieron en grupo a los guardias romanos y les dieron dinero, pidiéndoles que cambiaran su historia y esparcieran la noticia entre la gente diciendo que ciertos discípulos de Jesús los habían subyugado y habían robado el cuerpo de Jesús. Los líderes religiosos de los días de Jesús, por lo tanto, rechazaron *"la señal del profeta Jonás"*, y con ello, su esperanza de salvación eterna.

Capítulo 22

La vestidura mortuoria

Luego llegó Simón Pedro tras él, y entró en el sepulcro, y vio los lienzos puestos allí, y el sudario, que había estado sobre la cabeza de Jesús, no puesto con los lienzos, sino enrollado en un lugar aparte. Entonces entró también el otro discípulo, que había venido primero al sepulcro; y vio, y creyó.

Juan 20:6-8

Cuando los discípulos de Jesús oyeron la noticia, corrieron hacia el sepulcro para ver si las cosas que se les habían dicho eran verdaderas. Lo que hallaron allí fue otra gran señal y una prueba de que el cuerpo de Jesús no había sido robado, sino que había resucitado de entre los muertos.

Al entrar al sepulcro, el discípulo Pedro vio solamente dos cosas. Tendidas sobre la superficie plana de piedra, la cual había sido el lugar de descanso final de Jesús, vio, inalteradas e imperturbadas, las vestiduras mortuorias del cuerpo de Jesús y un sudario que había estado alrededor de su cabeza.

Como mencioné anteriormente, los muertos eran envueltos en telas de lino. La tela se presentaba en tiras angostas y en rollos largos. Los cuerpos se envolvían en muchas capas, y entre cada una normalmente se colocaban especias. Así, se formaba una cáscara dura que mantenía el cuerpo protegido del aire, preservándolo por un corto tiempo.

El cuerpo de Jesús no tenía todas las especias, pero aparentemente tenía la interminable envoltura. Había estado igualmente envuelto luego de nacer, dando a entender que Él nació para morir. Luego, treinta y tres años más tarde, nuevamente había sido envuelto en vestidura mortuoria, pero se zafó de ellas.

Lo que Pedro vio en el sepulcro fue el capullo intacto que había cobijado a su Señor. Debido a la escasez de especias pudo haber estado flexible y

LA VESTIDURA MORTUORIA

un tanto doblado, sin embargo estaba inalterado y nadie lo había desenrollado. No tenía aberturas lo suficientemente espaciosas como para que un cuerpo humano pudiese salir de dicho capullo. Estaba sólido, excepto por la abertura del cuello.

La cabeza había sido envuelta aparte con un sudario de lino. Pedro halló el sudario, todavía enrollado y situado en el lugar correspondiente a la cabeza de las vestiduras mortuorias. Esta fue una prueba concluyente para él de que Jesús estaba vivo, y produjo en Juan, *"el* otro discípulo," una reacción instantánea: *"Vio y creo."* A pesar de estas señales, no obstante, muchos permanecieron insensibles.

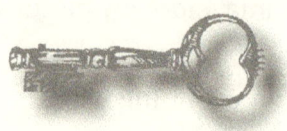

Capitulo 23

Santos resucitados

Y se abrieron los sepulcros, y muchos cuerpos de santos que habían dormido, se levantaron; y saliendo de los sepulcros, después de la resurrección de él, vinieron a la santa ciudad, y aparecieron a muchos.

Mateo 27:52-53

Una gran señal vinculada con la cruz estuvo directamente asociada a otra que tuvo lugar después de la resurrección de Cristo. Cuando Jesús clamó *"con gran voz"*, dando como resultado el terremoto, el rasgado del velo del templo y el fraccionamiento de las rocas, otro resultado fue que muchos sepul-

SANTOS RESUCITADOS

cros rocosos de los alrededores se abrieron. [1] Este hecho debió haberse divulgado como un acontecimiento insólito y terrorífico acompañado con la muerte de Jesús. No obstante, el propósito verdadero de las tumbas abiertas y su efecto sobre la gente no se sintió hasta varios días después.

En la mañana gloriosa, cuando el poder de resurrección de Dios descendió hacia el interior del sepulcro sellado de José de Arimatea y resucitó a Jesús de entre los muertos (victorioso sobre la muerte, el infierno y la sepultura), algo de ese poder de resurrección se esparció sobre otras tumbas abiertas, y otros resucitaron.

Dios resucitó a gente ya muerta, y las envió a la ciudad santa, donde muchos las vieron. No se nos menciona cuántos santos resucitaron, ni quienes eran. Solamente sabemos que debieron haber sido judíos que habrían muerto no mucho tiempo atrás, dado que fueron reconocidos cuando aparecieron en Jerusalén.

¿Como así? Pedro y Juan reconocieron a Moisés en el monte de transfiguración, aunque había estado muerto durante siglos, pero ellos tenían sus ojos espirituales abiertos, y los lideres en Jerusalén tenían hasta sus ojos naturales cegados. No habrían reconocido profetas antiguos, pero conocían y reconocieron a estos muertos.

Los líderes religiosos del día buscaban una señal

QUIÉNES SOMOS EN CRISTO

de Dios concerniente al Mesías, algo que pudiesen ver, algo que pudiesen oír o algo que pudiesen sentir. En respuesta, el Señor les dio las muchas señales del milagroso nacimiento de Cristo, su crecimiento milagroso y su ministerio milagroso. Cuando estuvieron insatisfechos, Él les dio: El rasgado del vestido del sumo sacerdote contrario a la ley sagrada, tres horas de oscuridad a mediodía acompañando al sufrimiento de Jesús, el rasgado en dos, desde arriba hasta abajo, del velo del templo, dos terremotos en el transcurso de tres días, rocas quebradas y las subsiguientes tumbas abiertas, y la misma resurrección de Jesús con sus pruebas correspondientes. Cuando rechazaron todo esto, y hablaron de Jesús como un *"engañador"* y *"blasfemo,"* Dios, en su misericordia, resucitó a hombres ya muertos y los envió a Jerusalén como testigos del poder de su Hijo. ¿Qué más pruebas puede alguien pedir?

Capítulo 24

La señal de Pentecostés

Cuando llegó el día de Pentecostés, estaban todos unánimes juntos. Y de repente vino del cielo un estruendo como de un viento recio que soplaba, el cual llenó toda la casa donde estaban sentados; y se les aparecieron lenguas repartidas, como de fuego, asentándose sobre cada uno de ellos. Y fueron todos llenos del Espíritu Santo, y comenzaron a hablar en otras lenguas, según el Espíritu les daba que hablasen. Hechos 2:1-4

Después de su resurrección, Jesús permaneció en la tierra durante cuarenta días en su cuerpo glorificado, apareciéndoseles a muchos discípulos y confirmándoles que Él estaba vivo. Instruyó a sus seguidores que fuesen a Jerusalén a una habitación superior, donde debían esperar hasta que Él les enviase el poder del Espíritu Santo. Entonces serían ungidos para predicar con la misma sabiduría y poder con los cuales Él predicaba y orar por los enfermos y expulsar a los espíritus demoníacos igual como Él lo había hecho.

La ocasión por la cual Dios escogió otorgar esta bendición milagrosa fue muy significativa para aquellos humildes creyentes. Además fue otra oportunidad para los incrédulos de aceptar al Hijo de Dios. Jehová eligió el Día de Pentecostés para derramar su Espíritu sobre estos creyentes judíos. Ese día el pueblo de Dios celebraba la Fiesta de Pentecostés en Jerusalén. Casi tanta gente se reunía para esta fiesta como para la Fiesta de Pascua.

Durante este acontecimiento, los judíos de la dispersión (aquellos que estaban esparcidos a través del mundo) eran partos, medos, elamitas, romanos, cretenses, árabes, los habitantes de Mesopotamia, Capadocia, Ponto, Frigia, Panfilia, Egipto y Libia.[1] Quiere decir que había una considerable representación de todo el mundo judío. Cuando todos se juntaron, Dios escogió ese momento para dar una última gran señal.

Mientras los humildes creyentes de Cristo ora-

LA SEÑAL DE PENTECOSTÉS

ban juntos en la habitación superior, sucedió algo inusual. No solamente estos creyentes comenzaron a hablar en lenguas extrañas, sino que se tornaron bulliciosos, y actuaban de modo insólito y eufórico. El ruido se oyó a través de la ciudad, a pesar de la conmoción de las fiestas y conglomerados de gente se juntó para ver qué estaba sucediendo, y lo que vieron y oyeron los dejó estupefactos.

Aproximadamente ciento veinte hombres y mujeres estaban hablando. Todos los ciento veinte eran galileos y sabían bien solamente el dialecto de Galilea. Entre ellos había pescadores, recaudadores de impuestos, otros trabajadores corrientes y mujeres. Ninguno tenía buena educación. Más aún, mientras hablaban, aquellos que se juntaron para oír comprendían lo que se estaba diciendo. Hombres y mujeres iletrados, todos discípulos de Jesús, hablaban fluidamente las lenguas difíciles de estas nacionalidades representadas.

Este gran milagro fue otra señal para ellos, y lo que los discípulos hablaron añadió autenticidad al milagro de su oratoria. Hablaron *"las maravillas de Dios."* [2]

La primera reacción de la multitud fue que los discípulos estaban borrachos. Otros se daban cuenta que los borrachos nunca podrían hablar lenguas que jamás habían conocido.

QUIÉNES SOMOS EN CRISTO

Uno de los discípulos, Simón Pedro, un pescador, se levantó, elevó su voz ante la multitud, y le habló a la gente. Les señaló que lo que estaban viendo y oyendo no era el resultado del vino, sino un cumplimiento directo de las palabras del profeta Joel.[3]

Comenzó diciendo: *"Varones israelitas, oíd estas palabras."*[4] Lo que estaba a punto de decir era de tal consecuencia que requería toda la atención de la gente.

Pedro denunció a los líderes religiosos por intentar asesinar a Jesús, pero recalcó que su plan había fracasado, porque Dios lo había resucitado, de acuerdo a las profecías del patriarca Rey David. El punto esencial del mensaje fue éste:

> *Jesús nazareno, varón aprobado por Dios entre vosotros con las maravillas, prodigios y señales que Dios hizo entre vosotros por medio de él, como vosotros mismos sabéis ...*[5]

Pedro concluyó su mensaje con estas palabras:

> *Sepa, pues, ciertísimamente toda la casa de Israel, que a este Jesús a quien vosotros crucificasteis, Dios le ha hecho Señor y Cristo.*[6]

Cuando el pueblo que se había congregado hubo escuchado estas palabras de la boca de un pes-

LA SEÑAL DE PENTECOSTÉS

cador inculto, quedaron impactados. Lucas, para evidenciar la reacción de la multitud, dijo, al escribir los Hechos de los apóstoles: *"Se compungieron de corazón."* [7]

A través de la consagrada prédica de Pedro, el velo de la oscuridad se levantó para muchos, y se abrieron sus ojos. Esta gente de pronto se dio cuenta cuán hipócritas habían sido y cuánto necesitaban al Salvador que habían asesinado. ¿Era demasiado tarde? Comenzaron a clamar: *"¿qué haremos?"* [8]

Pedro les manifestó cómo también ellos podían recibir, no solamente a Cristo como su Salvador, sino también el don del Espíritu Santo. Expresó:

Para vosotros es la promesa, y para vuestros hijos, y para todos los que están lejos, para cuantos el Señor nuestro Dios llamare. [9]

Cuando la multitud hubo escuchado alegremente las palabras de Pedro, tres mil de ellos públicamente aceptaron a Cristo y fueron bautizados. ¡Gracias a Dios! Miles más respondieron día a día a medida que el mensaje continuaba siendo predicado. Pero no todos creían. El famoso Josefo relata que el velo fue remendado y que la vida diaria continuó más o menos como siempre en la ciudad de Jerusalén.

Cuarta parte

Unificándolo todo

Capítulo 25

Entonces, ¿Quiénes somos?

El Espíritu mismo da testimonio a nuestro espíritu, de que somos hijos de Dios. Y si hijos, también herederos; herederos de Dios y coherederos con Cristo. Romanos 8:16-17

El mismo espíritu ciego que mantuvo al pueblo en los días de Jesús en no reconocerlo a Él por quién era ha arrebatado a la Iglesia su poder durante tantos años. Al igual que no supieron quién era Él, nosotros no hemos sabido quiénes somos en Él y los privilegios que tenemos en Él. ¿Qué dice Dios respecto a nosotros? Consideremos lo siguiente:

QUIÉNES SOMOS EN CRISTO

Por un milagro divino somos hijos de Dios. [1] Por ese mismo milagro, Él es nuestro Padre. [2] Somos preciados para Él. [3] Y por esa razón tenemos ciertos privilegios. [4]

Dios tiene tanta confianza en nosotros que nos ha hecho sus testigos, [5] sus colaboradores, [6] sus embajadores, [7] sus ministros (servidores). [8]

¿Somos merecedores de ese privilegio? ¡Sí! Él nos ha purificado [9] y liberado del poder del pecado. [10] Somos salvos. [11] Él nos ha dado su gloria, [12] y nos ha hecho *"hijos de luz."* [13] Somos santificados a través de su sacrificio. [14] Somos *"hechura suya."* [15] Esto se suscitó como resultado de nuestra verdadera participación de Cristo. [16]

Estamos ahora totalmente identificados con Él. [17] Nuestra vida *"está escondida con Cristo en Dios."* [18] Él nos denomina su cuerpo, [19] su templo. [20] Él vive en nosotros.

Y dado que Él es todo, somos *"enriquecidos en todo"* en Él. [21] Puesto que Él es completo, somos *"completos en Él."* [22] Porque Él es un vencedor, nos hemos convertido en *"más que vencedores por medio de"* Él. [23] Eso no es debido a la falta de problemas, sino que pese a todos ellos. [24]

Pertenecemos a Él. [25] Ha puesto su sello de dominio sobre nosotros, [26] y nos ha dado un gran llamamiento. [27] Tenemos que comenzar a vivir en cumplimiento con ese llamado.

ENTONCES, ¿QUIÉNES SOMOS?

Los santos de antiguidad tuvieron esta revelación sobre quiénes somos en nuestro Dios:

Job señaló: *"Yo soy justo."*[28]

David manifestó: *"Soy una creación admirable."*[29]

Salomón reconoció pertenecer a Dios: *"Yo soy de mi amado, y mi amado es mío."*[30] *"Yo soy de mi amado, y conmigo tiene su contentamiento."*[31]

Jeremías aseveró: *"Yo llevo tu nombre, Señor, Dios Todopoderoso."*[32]

El profeta Miqueas señaló: *"Yo estoy lleno del poder del Espíritu de Jehová."*[33]

En el Nuevo Testamento, Pablo declaró:

"Yo, limpio."[34]

"No me avergüenzo."[35]

"Estoy seguro."[36]

"Yo tengo osadía."[37]

"Vivo en la fe del Hijo de Dios."[38]

"Soy embajador."[39]

"Todo lo he recibido, y tengo abundancia; estoy lleno."[40]

"Fui hecho ministro."[41]

"Soy fuerte."[42]

Juan también se regocijó con estas verdades, declarando: *"Estamos en Él."*[43]

Hoy día estamos comenzando a aprender estas verdades también. Un coro popular aportado por el Espíritu a la Iglesia en años recientes expresa:

QUIÉNES SOMOS EN CRISTO

Si YO SOY me dice que soy, entonces soy.
Si YO SOY me dice que soy, entonces soy.
Si YO SOY me dice que soy, entonces sé que soy.
Si YO SOY me dice que soy, entonces soy.

Si YO SOY me dice que puedo, entonces puedo.
Si YO SOY me dice que puedo, entonces puedo.
Si YO SOY me dice que puedo, entonces sé que puedo.
Si YO SOY me dice que puedo, entonces puedo.

El evangelista Don Walker de Cincinnati, Ohio, les pide a los miembros de la congregación que ministra actualmente repetir juntos la poderosa declaración de fe siguiente:

Puedo hacer lo que Jesús dijo que puedo hacer.
Puedo tener lo que Jesús dijo que puedo tener.
Y puedo ser lo que Jesús dijo que puedo ser.
Porque soy quien Jesús dijo que soy.
No soy débil; tengo su fuerza.
No estoy enfermo; tengo su cura.

ENTONCES, ¿QUIÉNES SOMOS?

No soy pobre; tengo sus riquezas.
No estoy derrotado; tengo su victoria.
Porque soy hijo de Dios.
Dios lo sabe; el diablo lo sabe; y yo lo sé.

He presenciado esto, y el efecto es impresionante. Una simple declaración como ésta aumenta enormemente la fe, y le siguen grandes milagros.

El pastor Ron Gray, en su libro *Enter to Worship - Exit to Serve* [Ingresar al culto - salir a servir] (el cual tuve el privilegio de editar), manifestó en la primera parte:

Soy la rectitud de Dios en Cristo Jesús.
Soy heredero del Padre, y coheredero con Jesucristo.
No soy solamente alguien que anda por el camino hacia ninguna parte.
Soy hijo del Dios viviente.
Su sangre soberana fluye a través de mis venas.

En uno de los capítulos finales afirma nuevamente:

Soy hijo del Dios viviente.
He sido comprado con la sangre de Jesucristo.

QUIÉNES SOMOS EN CRISTO

He sido distinguido.
He sido elegido como una estirpe llamada a la participación con Dios.
Estoy residiendo en la Vid.
Su sangre soberana fluye a través de mis venas, y me ha convertido en partícipe de todas las riquezas y glorias de Dios.

Soy heredero del Padre y coheredero con Jesucristo.
La semilla de Abraham ha sido colocada dentro de mi pecho.
Soy tanto un hijo de Dios como eran los hijos de Israel.
He sido escogido.
Soy hijo del Rey.

¿Cómo se desarrollaron las confesiones de fe tradicionales? Los líderes de la iglesia primitiva reconocían la efectividad de una declaración pública de nuestra fe en Dios. La mayoría de nosotros probablemente conozcamos mejor la declaración de fe conocida como *El Credo de los Apóstoles*. Dice:

Creo en Dios, Padre todopoderoso, Creador del cielo y de la tierra;
Y en Jesucristo, su único Hijo, nuestro Señor,

ENTONCES, ¿QUIÉNES SOMOS?

Quien fue concebido por el Espíritu Santo,
Nació de la Virgen María,
Sufrió bajo el poder de Poncio Pilato.
Fue crucificado, muerto y sepultado.
Descendió a los infiernos.
Al tercer día, resucitó de ente los muertos y ascendió a los cielos,
Y está sentado a la diestra de Dios el Padre, todopoderoso.
Desde allí, vendrá a juzgar a los vivos y los muertos.
Creo en el Espíritu Santo,
La santa Iglesia católica,
La comunión de los santos,
El perdón de los pecados,
La resurrección de la carne,
Y la vida eterna.

Nuestra palabra *"credo"* proviene de la misma palabra en latina, que significa *"yo creo."* No hay evidencia de que este credo realmente date del siglo primero. Sin embargo, está basado en las escrituras. [44] Y es bíblico para ratificar nuestra fe. [45]

Los apóstoles confirmaron su fe públicamente. La afirmación de fe de Pedro, registrada en Marcos 8:29, es considerada como uno de los primeros ejemplos de una verdad repetida muchas veces por ellos. *"Tú eres el Cristo,"* afirmó.

Al declarar públicamente nuestra fe en Dios, estamos declarando nuestra fe en sus obras: ¿Quién se beneficia de la confesión de los pecados? ¿Quién participa en la comunión de los santos? ¿Quién será transformado en la resurrección de la carne? ¿Quién se regocijará en esa vida eterna? Al declarar nuestra fe en Él, estamos afirmando su obra en nosotros.

El Credo de los Apóstoles, en todas sus variaciones, es solamente uno de cientos de declaraciones de fe desarrolladas a través de los siglos. Algunas declaraciones de fe, a veces llamadas regla de fe, confesión de fe, artículo de fe, o afirmación de fe, se desarrollaron durante los primeros siglos como parte de la ceremonia bautismal. Aquellos que deseaban ser bautizados públicamente primero afirmaban su fe en Dios. Los registros del siglo segundo evidencian que líderes religiosos usaban credos en forma de preguntas para preparar a los candidatos para el catequismo: *"¿Creéis en Dios, el Padre Todopoderoso?"* etc.

En el año 325 D.C., durante el famoso Concilio de Nicea, Eusebio, un líder religioso de Cesárea, presentó al concilio la declaración de fe que usaba en el bautismo para argumentar en contra de las acusaciones de que tenía una doctrina falsa. El

ENTONCES, ¿QUIÉNES SOMOS?

concilio usó esa declaración como base para una versión más prolongada que promulgaron oficialmente y exigieron a todos los presentes a firmar; y la cual ha llegado a conocerse como el Credo Niceno. Desde esa época, cada grupo competidor de la iglesia usaba su propia versión de la declaración de fe como una prueba para la herejía. Dados los matices del pensamiento teológico, los credos sufrieron cambios menores a través de los siglos.

No fue hasta el siglo sexto que el credo se usó como parte de la liturgia, usualmente cantado. En el año 1020, el Papa Benedicto VIII declaró oficialmente al Credo Niceno como parte de la misa, para que la congregación lo repitiese después de la lectura de los evangelios cada domingo, y en especial, los días festivos.

Los líderes de la reforma también usaron los credos con pequeñas variaciones. Lutero amplió el *"Yo creo"* al *"Creemos, confesamos y enseñamos."*[46]

Calvino, Knox, Wesley y Zwingli tenían sus versiones particulares. Aquellos que regularmente hacían la declaración de fe como parte de sus servicios religiosos llegaron a conocerse como "iglesias confesionales."

El Credo de los Apóstoles, específicamente, aun es parte del culto regular para los católicos, anglicanos y otros grupos principales de protestantes. Aprendí yo la variación usada en la Iglesia Metodista en mis años formativos en el estado de West Virginia, EE.UU.

En el siglo VII también se suscitaron algunas interrogantes importantes referentes al uso de los credos. Algunos grupos rehusaron usar cualquier tipo de ellos, declarando que *"interfieren en la libertad de conciencia y el derecho al discernimiento privado, producen intolerancia, fanatismo y otros; están basados principalmente en el abuso y no en el uso legítimo de los credos."*[47]

Aunque el propósito principal en publicar los credos era una afirmación para preservar las verdades, llegaron a usarse para fines políticos. Se reconoció que lo que realmente se necesitaba era una reconfirmación actualizada de nuestra fe de forma individual. A pesar de que la memorización y recitación o la lectura pública conjunta de estas declaraciones de fe sirve al propósito de ratificar la continuidad de la misma fe que sostenían los apóstoles, existe el peligro de que solamente repitamos palabras sin ni siquiera saber lo que estamos diciendo.[48]

Nuestra declaración de fe necesita estar basada bíblicamente, pero al mismo tiempo debe ser espontánea. Él es el Dios de ahora, por consiguiente, somos beneficiarios de sus bendiciones ahora. Porque Él vive, también vivimos nosotros. Porque

ENTONCES, ¿QUIÉNES SOMOS?

aún así Él es vencedor, somos más que vencedores a través de Él ahora.

Él nos está incitando a tomar nuestro legítimo lugar a su lado ahora. No lo defraudes. ¡Ratifica tu fe hoy día, tanto en Él como en sus promesas hacia ti! Abandona toda ceguera y reconoce *Quiénes somos en Cristo*.

El Espíritu mismo da testimonio a nuestro espíritu, de que somos hijos de Dios. Y si hijos, también herederos; herederos de Dios y coherederos con Cristo.

Romanos 8:16-17

Referencias

Introducción

1. Isaías 6:1
2. Éxodo 3:16
3. 1 Corintios 15:8
4. Apocalipsis 1:17

Capítulo 1

1. Juan 2:18
2. Ver además Marcos 8:11 y Lucas 11:16
3. 1500 A.C.
4. Hechos 5:34-39
5. Versículo 40
6. Juan 1:29
7. Lucas 4:18-21
8. Juan 4:25-26
9. Mateo 16:16-17
10. Juan 10:36
11. Juan 13:13
12. Juan 18:37
13. Juan 18:36
14. Juan 6:35
15. Juan 8:12
16. Juan 10:7 y 9
17. Juan 10:11 y 14
18. Juan 11:25
19. Juan 14:6
20. Juan 15:1
21. Lucas 19:40
22. 1900 A.C., Juan 8:58
23. Juan 6:38, 7:29, 8:23 y 42
24. Lucas 22:69
25. Mateo 18:35
26. Juan 10:30 y 38
27. Juan 7:16 y 12:49-50
28. Juan 12:44
29. Juan 12:45 y 14:9
30. Marcos 9:37
31. Lucas 10:16 y Juan 15:23
32. Mateo 13:41-42
33. Mateo 26:53
34. Juan 10:17-18
35. Mateo 26:32 y Juan 2:19-21
36. Marcos 13:31 y Lucas 21:33
37. Mateo 28:19-20
38. Juan 6:63
39. Juan 12:48
40. Mateo 28:18
41. Mateo 11:27
42. Mateo 16:19

QUIÉNES SOMOS EN CRISTO

43. Juan 10:10
44. Juan 4:14
45. Mateo 11:28-29
46. Juan 6:29
47. Mateo 7:24-25 y Lucas 6:47-48
48. Juan 12:26
49. Mateo 12:50
50. Mateo 10:39
51. Mateo 19:28
52. Mateo 19:29 y Marcos 10:29-30
53. Juan 6:39-40 y 44
54. Juan 8:51 y 10:27-28
55. Juan 14:13-14, 15:16 y 16:23
56. Juan 15:7
57. Marcos 9:42
58. Mateo 7:26-27 y Lucas 6:49
59. Marcos 8:38, Lucas 9:26 y 12:8-9
60. Juan 8:24
61. Juan 15:4
62. Juan 15:5
63. Juan 15:6
64. Isaías 7:11
65. 700 A.C.
66. Génesis 9:12-13
67. Éxodo 4:2-9
68. Éxodo 7:3, 9 y 17; 8:2, 11, 16, 21 y 23; 9:3-4, 9, 14-15, 18-19; 10:4 y 21 y 11:5 y 7
69. Jueces 6:17 y 36-40
70. 1 Samuel 2:34
71. 1 Samuel 10:7-9
72. 1 Samuel 14:10
73. 1 Reyes 13:3 y 5
74. El primero: 2 Reyes 19:29 e Isaías 37:30
    El segundo: 2 Reyes 20:8-11, 2 Crónicas 32:24 e Isaías 38:7-8
    Ver además Versículo 22
75. Isaías 8:18 y 20:3
76. Ezequiel 4:3, 12:6 y 11, 24:24 y 27
77. Daniel 4:2-3
78. Daniel 6:27
79. Éxodo 13:9
80. Éxodo 31:13 y Ezequiel 20:12 y 20
81. Números 14:11 y Josué 24:17
82. Números 16:38
83. Números 26:10
84. Deuteronomio 13:1-3
85. Deuteronomio 28:45-48
86. Jeremías 6:1
87. Jeremías 44:29-30
88. Génesis 1:14 y Jeremías 10:2
89. Salmo 74:9
90. Mateo 12:39
91. Marcos 8:11 y Lucas 11:16

REFERENCIAS

Capítulo 2

1. 2 Pedro 1:21
2. Mateo 12:39

Capítulo 3

1. Mateo 1:23
2. Isaías 9:6
3. Isaías 7:14
4. Mateo 1:19
5. Deuteronomio 24:1
6. Mateo 1:19
7. Mateo 1:20-21
8. Mateo 1:24-25
9. Salmo 132:11 e Isaías 11:1

Capítulo 4

1. Lucas 2:10-12
2. Lucas 2:14
3. Rey David, 1050 A.C
4. Lucas 2:17
5. Lucas 2:18
6. Lucas 2:20

Capítulo 5

1. Mateo 2:1
2. Mateo 2:2
3. Lucas 2:10
4. Mateo 2:3
5. Mateo 2:5-6 y Miqueas 5:2
6. Mateo 2:11
7. Mateo 2:13
8. Jeremías 31:15
9. Oseas 11:1
10. Números 24:8

Capítulo 6

1. Éxodo 13:2, 22:29 y Números 3:13
2. Lucas 2:25-26
3. Lucas 2:28-32
4. Lucas 2:34
5. Lucas 2:33
6. Lucas 2:29-31
7. Lucas 2:36-37
8. Lucas 2:38

Capítulo 7

1. Romanos 3:24, Ver también Tito 3:7
2. Romanos 5:20
3. Efesios 2:5 y 8
4. Tito 2:11
5. Lucas 2:46-47
6. Lucas 2:49
7. Lucas 2:51

Capítulo 8

1. Lucas 1:15

QUIÉNES SOMOS EN CRISTO

2. Lucas 1:16-17
3. Lucas 1:18
4. Ibídem
5. Lucas 1:20
6. Lucas 1:5-22

Capítulo 9

1. Lucas 1:42-45

Capítulo 10

1. Lucas 1:60
2. Lucas 1:61
3. Lucas 1:63
4. Mateo 1:20-21 y Lucas 1:31
5. Lucas 1:20
6. Lucas 1:65-66
7. Ver Malaquías 3:1 y 4:5-6
8. 2 Reyes 2:1 y 11
9. Mateo 11:10-15
10. Lucas 1:67
11. Lucas 1:68-75
12. Lucas 1:76-79
13. Lucas 1:80

Capítulo 11

1. Mateo 3:2
2. Mateo 3:7-8
3. Mateo 3.5-6
4. Mateo 3:11-12
5. Juan 1:26-27
6. Juan 1:29-31

Capítulo 12

1. Mateo 3:15
2. Mateo 3:17
3. Juan 1:33
4. No es el Herodes que asesinó a los niños judíos, sino otro.

Capítulo 13

1. Juan 2:7-10
2. Mateo 14:15-21, Marcos 6:34-44, 8:1-9, Lucas 9:12-17 y Juan 6:5-13
3. Mateo 14:25, Marcos 6:48 y Juan 6:19
4. Marcos 4:39 y Lucas 8:24
5. Mateo 9:29-30, Marcos 8:25, 10:52, Lucas 7:21 y Juan 9:7
6. Marcos 7:35 y 9:25-27
7. Mateo 9:33, 12.22, 15:30 y Lucas 11:14
8. Mateo 8:6-7, 9:6-7, Marcos 2:10-12 y Lucas 5:24-25

REFERENCIAS

9. Mateo 8:2-3, Marcos 1:40-42, Lucas 5:13 y 17:12-14
10. Marcos 5:8-13 y Lucas 8:27-33
11. Mateo 9:24-26, Marcos 5:39-42, Lucas 7:12-15, 8:52-55 y Juan 11:43-44
12. Lucas 4:22
13. Lucas 4:32
14. Mateo 16:2-3
15. Mateo 16:4
16. Mateo 13:14-15
17. Mateo 15:8-9, citado de Isaías 29:13
18. Mateo 15:14
19. Mateo capítulo 23
20. Mateo 23:13
21. Mateo 12:38-42
22. Jonás 3:10
23. Mateo 12:41
24. 992 A.C.
25. Mateo 12:42

Capítulo 14

1. Romanos 1:18
2. Colosenses 3:6 y Efesios 5:6
3. 2 Pedro 3:9
4. Números 14:18
5. Salmo 103:8-11
6. Ver Éxodo capítulos 25-27
7. Éxodo 26:31

Capítulo 15

1. Mateo 26:57-68
2. Mateo 26:63
3. Mateo 26:64
4. Mateo 26:65
5. Génesis 37:29 y 34, 44:13, Números 14:6, Josué 7:6, Jueces 11:35, Ester 4:1 y Job 1:20
5. 2 Samuel 1:11, 13:31, 1 Reyes 21:27, 2 Reyes 5:8 y 2 Crónicas 34:19
6. 2 Reyes 2:12 y Esdras 9:5
7. Éxodo 29:21
8. Levítico 8:30
9. Levítico 16:4
10. Ezequiel 42:14
11. Éxodo 28:32 y 39:23
12. Levítico 10:6
13. Génesis 37:29 y 34, 44:13, 2 Reyes 22:11, Esdras 9:3 y 5, Ester 4:1, Job 1:20, 2:12, Isaías 36:22 y 37:1
14. Levítico 16:32 y Números 20:26-28
15. Éxodo 40:15 y Números 25:13

16. Hebreos 2:17, 3:1, 4:14, 6:20 y 8:1
17. Mateo 26:66

Capítulo 16

1. Mateo 27:11
2. Ibídem
3. Lucas 23:4
4. Lucas 23:5
5. Lucas 23:7
6. Ibídem
7. Lucas 23:8
8. Mateo 14:1-2
9. Lucas 23:9
10. Lucas 23:10
11. Lucas 23:13-17
12. Mateo 27:17
13. Mateo 27:18
14. Mateo 27:19
15. Mateo 27:20
16. Mateo 27:22
17. Mateo 27:23
18. Lucas 23:21
19. Mateo 27:24
20. Mateo 27:29

Capítulo 17

1. Mateo 27:45
2. Lucas 23:44
3. Lucas 23:45
4. Isaías 53:11-12

Capítulo 18

1. Hebreos 9:22
2. Mateo 27:50
3. Hechos 6:7
4. Lucas 23:45
5. Mateo 1:21
6. Apocalipsis 22:17
7. Hebreos 10:19-20

Capítulo 19

1. Mateo 27:51
2. Éxodo 19:18
3. Salmo 68:8
4. Salmo 114:7
5. Mateo 27:54
6. Lucas 23:48

Capítulo 20

1. Mateo 27:50, Marcos 15:37 y Lucas 23:46

Capítulo 21

1. Juan 19:31 (Este debió haber sido un alto día del reposo más bien que un día del reposo normal para los judíos que comenzaba el viernes al anochecer.)

REFERENCIAS

2. Mateo 27:63
3. Mateo 28:2-4
4. Marcos 16:6

Capítulo 23

1. Mateo 27:51-52

Capítulo 24

1. Hechos 2:9-11
2. Hechos 2:11
3. 800 A.C.
4. Hechos 2:22
5. Ibídem
6. Hechos 2:36
7. Hechos 2:37
8. Ibídem
9. Hechos 2:39

Capítulo 25

1. Juan 1:12, Hechos 17:29, Romanos 8:14-16, Gálatas 3:26 y 4:4-7 y 1 Juan 3:2
2. Romanos 8:15, 2 Corintios 6:17-18, Gálatas 4:6 y Efesios 2:19
3. Mateo 10:31, Lucas 12:7 y 2 Corintios 2:15
4. Romanos 8:17 y Lucas 11:11-13
5. Lucas 24:48, Hechos 3:15, 5:32 y 10:39
6. 1 Corintios 3:9
7. 2 Corintios 5:20
8. 1 Corintios 4:1
9. Juan 13:10, 1 Corintios 6:11 y Juan 15:3
10. Romanos 6:14 y 8:9
11. Romanos 8:24 y Hebreos 10:39
12. Juan 17:22
13. 1 Tesalonicenses 5:5
14. Hebreos 10:10
15. Efesios 2:10
16. 1 Corintios 10:17 y Hebreos 3:14
17. Hechos 17:28, Romanos 6:4 y 14:8 y Colosenses 2:12
18. Colosenses 3:3
19. 1 Corintios 12:27 y Efesios 5:30
20. 1 Corintios 3:16-17, y 6:19
21. 1 Corintios 1:5 y 2 Corintios 3:5
22. Colosenses 2:10
23. Romanos 8:37
24. 2 Corintios 4:8 y 13:9
25. 1 Corintios 3:23, 6:20 y 1 Juan 5:19
26. Efesios 4:30
27. Colosenses 3:15, Efesios

QUIÉNES SOMOS EN CRISTO

      4:1, 4:4 y 1 Pedro 3:9
28. Job 34:5
29. Salmo 139:14, NVI
30. Cantares 6:3
31. Cantares 7:10
32. Jeremías 15:16, NVI
33. Miqueas 3:8
34. Hechos 18:6
35. Romanos 1:16 y 2 Timoteo 1:12
36. Romanos 8:38
37. 2 Corintios 11:21
38. Gálatas 2:20
39. Efesios 6:20
40. Filipenses 4:18
41. Colosenses 1:25
42. 2 Corintios 12:10
43. 1 Juan 2:5. Ver también 5:20
44. Ver Marcos 8:29, Hechos 10:42, Romanos 1:3, 2 Timoteo 2:8, 4:1 y 1 Pedro 4:5 etc.
45. Ver Romanos 10:9, 2 Timoteo 1:13-14 y 2:2
46. Ver *La Enciclopedia Luterana* editada por Henry Eyster Jacobs y John W.W. Haas, 1899, NY, Charles Scribner's Sons, p. 145.
47. Ibídem
48. Para mayor información acerca de los credos Cristianos, ver: *La Enciclopedia de la Religión y Ética* editada por James Hastings, Vol. 4., p. 237, NY, Charles Scribner's Sons y *La Enciclopedia Británica*.

www.ingramcontent.com/pod-product-compliance
Lightning Source LLC
Chambersburg PA
CBHW032120090426
42743CB00007B/414